Univers

S

Fernand Angué

SAINT-SIMON

MÉMOIRES

avec une notice sur la vie de Saint-Simon, une présentation de l'homme et de son œuvre, une analyse méthodique des textes choisis, des notes, des questions, des thèmes de réflexion et des sujets de devoirs.

par

Henri BAUDIN

Agrégé des Lettres,
Professeur à l'Université des Sciences sociales
de Grenoble (I.U.T.-II)

Bordas

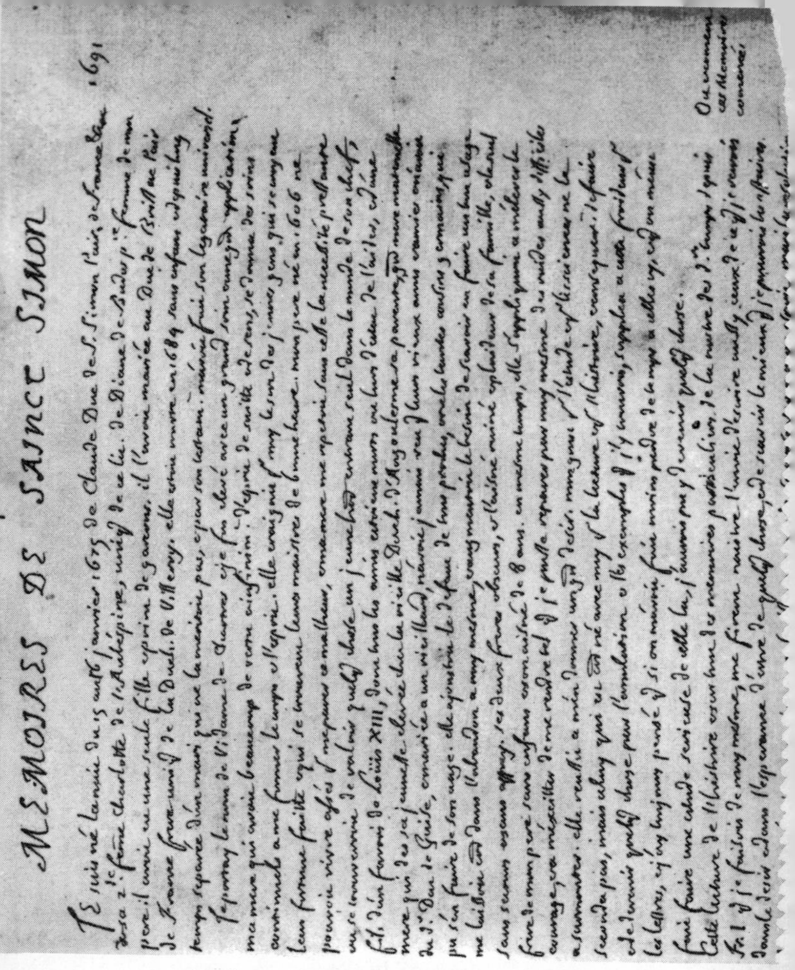
MEMOIRES DE SAINCT SIMON 1691

Première page du manuscrit autographe des « Mémoires »

I.S.B.N. 2-04-16101-5, I.S.S.N. 0249-7220

VIE DE SAINT-SIMON (1675-1755)

L'enfance (1675-1691)

Né, la nuit du 15 au 16 janvier 1675, de CLAUDE, DUC DE SAINT-SIMON, pair de France, et de sa seconde femme CHARLOTTE DE L'AUBÉPINE, Louis de Rouvroy est un enfant de vieillard (son père a alors soixante-neuf ans) ; petit et malingre, il est l'héritier prochain d'une dignité de duc et pair, la plus élevée aussitôt après les princes du sang. Encore faut-il noter que cette pairie remonte seulement à son père, qui, pour des perfectionnements équestres, la reçut de Louis XIII ; d'où l'attachement dévotieux des Saint-Simon père et fils pour ce souverain.

Je portai le nom de Vidame de Chartres [1], *et je fus élevé avec un grand soin et une grande application. Ma mère, qui avait beaucoup de vertu et infiniment d'esprit de suite et de sens* [2], *se donna des soins continuels à me former le corps et l'esprit. Elle craignit pour moi le sort des jeunes gens qui croient leur fortune faite et qui se trouvent leurs maîtres de bonne heure* [3].

Éducation austère, fondée sur le sens des responsabilités, et bien éloignée de l'habituelle insouciance des enfants ; de là peut-être ce sérieux, ce manque de gaieté légère qui marqueront la vie de Saint-Simon. Mais non pas manque d'ardeur : « Vous êtes sujet à la colère : excitez-vous à la modérer et à devenir clément. Souvenez-vous que, si vous venez à battre vos gens, vous vous ferez plus de tort que vous ne leur ferez de mal », lui écrivait en 1683 son précepteur, bon maître apparemment en morale pratique et en style à formules.

Les lettres l'attirent peu, mais il se passionne pour l'histoire :

Cette lecture de l'histoire et surtout des Mémoires particuliers de la nôtre, des derniers temps depuis François Ier, que [4] *je faisais de moi-même, me firent naître l'envie d'écrire aussi ceux* [5] *de ce que je verrais, dans le désir et dans l'espérance d'être quelque chose, et de savoir le mieux que je pourrais les affaires de mon temps.*

---

1. En attendant de recevoir, à la mort de son père, le titre de celui-ci. — 2. Bon sens. — 3. Par la mort de leur père. — 4. Antécédent : *lecture*. — 5. Les *Mémoires*.

Le service du Roi (1692-1702)

En 1691, à seize ans, lassé des études, jaloux de voir son ami le duc de Chartres [1] faire sa première campagne au siège de Mons, il décide de se « tirer d'enfance ». Voici par quelle « mécanique d'exécution » il met dans son jeu son père déjà malade :

J'eus recours à mon père à qui je fis accroire que le Roi, ayant fait un grand siège cette année, se reposerait la prochaine. Je trompai ma mère qui ne découvrit ce que j'avais tramé que sur le point de l'exécution, et que j'avais monté mon père à ne se laisser point entamer [...]. *Mon père me mena donc à Versailles où il n'avait encore pu aller depuis son retour de Blaye* [...] *en sorte qu'il avait été jusqu'alors sans avoir pu voir le Roi. En lui faisant la révérence, il me présenta pour être mousquetaire, le jour de saint Simon saint Jude* [2], *à midi et demi, comme il sortait du conseil. Sa Majesté lui fit l'honneur de l'embrasser par trois fois, et comme il fut question de moi, le Roi, me trouvant petit et l'air délicat, lui dit que j'étais encore bien jeune, sur quoi mon père répondit que je l'en servirais plus longtemps.*

Dès 1692, il fait campagne. Il voit le siège de Namur. A la tête d'une compagnie de cavalerie du Royal-Roussillon, en 1693, il charge trois fois à Neerwinden où triompha le Maréchal de Luxembourg [3]. Dès 1694, il commence à prendre des notes à l'armée (ou, entre temps, à la Cour) en vue de ses futurs *Mémoires*.

L'année 1695 lui voit épouser une fille du MARÉCHAL DE LORGE, le neveu de Turenne. Sa vie militaire continue, mais sans éclat, sans enthousiasme comme sans déplaisir. Il devait en sortir pour une question de principe, ayant vu nommer avant lui, dans une promotion de brigadiers [4], des nobles de son âge et de rang moins élevé. Retenons, de ce passage à l'armée, qu'il y acquiert une manière d'inspecter toute militaire, cherchant l'apparence exacte d'abord, et souvent sans plus.

La Cour (1702-1715)

« Eh bien, Monsieur ! Voilà encore un homme qui nous quitte. » Tel est le commentaire de Louis XIV quand Saint-Simon renonce à l'armée. Le Roi ne pardonne jamais

1. Titre du futur Régent avant la mort du duc d'Orléans, son père. — 2. Le 28 octobre. — 3. Contre lequel il anime, la même année, un procès des ducs et pairs. — 4. Cf. « général de brigade ».

pareil abandon. Notre auteur sait que, du vivant de Louis XIV, il ne sera jamais « de rien » ; politiquement, il n'a que des espérances pour le futur, après la mort du souverain, et, pour le présent, la participation à des disputes de préséances [1] ou à des cabales souterraines. Hors cela, une existence parasitaire (avant 1710, il n'a pas d'appartement au palais de Versailles et loge avec les siens dans celui de son beau-frère, le duc de Lorge, puis dans celui de Pontchartrain, contrôleur général des finances).

Comme les autres, il assiste au lever, au dîner, à la promenade, à la chasse, au souper, au coucher du Roi, et aux fêtes de la Cour ; parfois, par un retour de familiarité, quand Saint-Simon demande avec les autres courtisans : « Sire, Marly [2] ? », le Roi acquiesce ; là-bas le souverain leur dira : « Chapeau, Messieurs », les invitant ainsi à se couvrir en sa présence et à oublier, de ce fait, l'étiquette.

Mais surtout, araignée tapie au bord de sa toile, il s'attache avec passion à « examiner les personnages des yeux et des oreilles » ; il scrute, interroge chacun, ses amis ministres ou personnages officieux, comme Chevreuse, Beauvillier, Chamillart, Pontchartrain (ou Torcy plus tard), le P. Tellier, le chirurgien Maréchal, le valet du Roi Bontemps, etc. « Je finissais d'ordinaire mes journées par aller, entre onze et minuit, causer avec les filles de Chamillart, où j'apprenais souvent quelque chose. » La nuit, dans un réduit obscur, il note ce qu'il a ainsi vu et entendu ; il en fait provision pour l'œuvre future.

Il y a aussi les cabales. Occasionnellement, le duc d'Orléans, neveu du Roi, parti en 1706 commander en Italie, avait eu quelques difficultés avec le duc de Vendôme, petit-fils d'un bâtard d'Henri IV. On retrouvera toujours, dans les principales cabales, cette opposition entre princes légitimes et bâtards légitimés. C'est d'abord en 1708 la « cabale de Meudon [3] », dirigée contre le duc de Bourgogne, petit-fils du Roi et fils de Mgr le Grand Dauphin ; elle est animée par Vendôme et ses partisans, et regroupée auprès du Grand Dauphin lui-même qu'ils ont su monter contre son propre fils. Elle se déchaînera aussi contre le duc d'Orléans, qui s'était attiré l'hostilité de Mme de Maintenon. Devant le flot des calomnies et la

1. Affaires de quêtes à la messe, de drapage aux enterrements, et surtout de tabourets pour les duchesses et de bonnet ôté ou non au Parlement. — 2. Château de plaisance de Louis XIV, où c'était une faveur que d'être emmené par le Roi quand il allait s'y détendre. — 3. Château appartenant à Mgr le Grand Dauphin, fils de Louis XIV.

GÉNÉALOGIE SIMPLIFIÉE DES BOURBONS

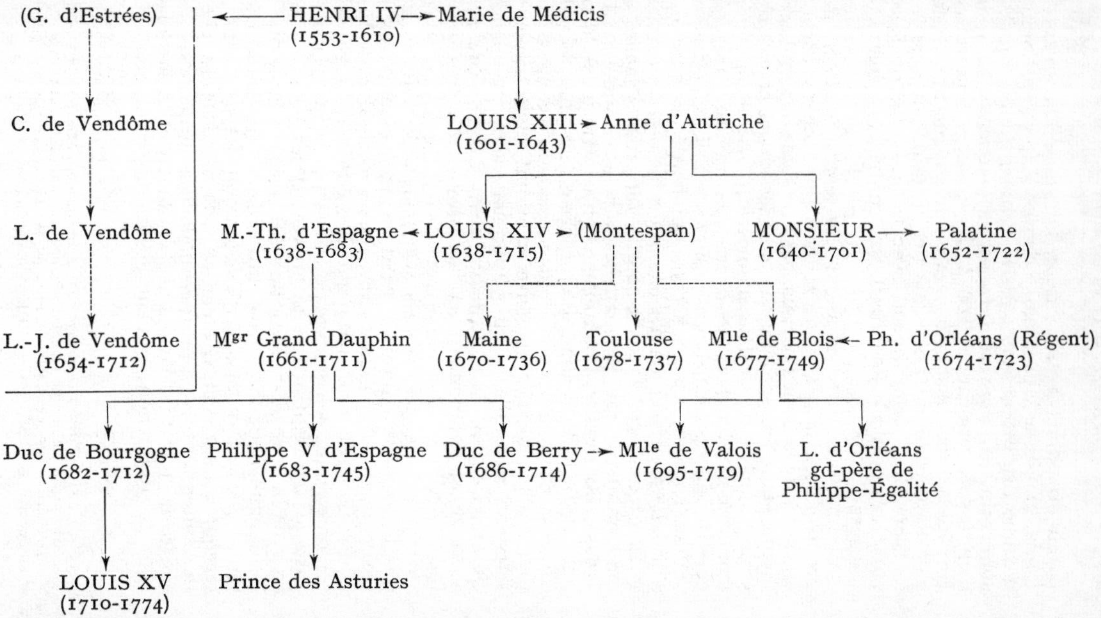

N. B.—Les analyses caractérologiques de la plupart de ces princes ont été esquissées dans *La caractérologie dans l'enseignement secondaire* de R. Verdier (coll. *Caractères*, P. U. F., p. 101).

veulerie générale des courtisans, Saint-Simon, depuis toujours hostile aux bâtards, soutient son ami d'enfance, le duc d'Orléans, et le duc de Bourgogne, dont les gouverneurs étaient ses amis Chevreuse et Beauvillier [1]. L'année 1709 ajoute à son terrible hiver la disgrâce momentanée de Saint-Simon, obligé de partir dans ses terres, et celle de son protecteur, le ministre Chamillart.

Rétabli grâce aux sages mesures de sa femme, Saint-Simon a la joie de voir Vendôme à son tour disgracié. Il arrache au duc d'Orléans sa rupture avec une maîtresse mal vue du Roi, et négocie le mariage de la fille aînée du duc avec un frère du duc de Bourgogne. Tout cela lui vaut un retour de faveur du Roi et un appartement à Versailles en 1710. L'année suivante est occupée des entrevues secrètes avec le duc de Bourgogne, devenu Dauphin en 1711 par la mort de Monseigneur son père.

Je garnissais toutes mes poches de force papiers toutes les fois que j'allais à ces audiences, et je riais souvent en moi-même, passant dans le salon, d'y voir force gens qui se trouvaient actuellement dans mes poches, et qui étaient bien éloignés de se douter de l'importante discussion qui allait se faire d'eux.

Cette conquête secrète de Versailles devait tourner court en 1712 par la mort du Dauphin et de sa femme qui laissaient un fils de deux ans, le futur Louis XV. Autant notre auteur avait éprouvé de joie indécente en 1711, autant il regorge maintenant d'amertume. Pourtant, la partie n'est pas jouée, et voici s'affronter de nouvelles cabales en vue de la future Régence.

Cette fois, la partie se joue entre le duc d'Orléans (dernier prince légitime de sa génération et beau-père du duc de Berry) et le duc du Maine, bâtard légitimé, qui bénéficiait d'une tendresse particulière de la part du Roi et de Mme de Maintenon, son ancienne gouvernante, devenue l'épouse secrète de Louis XIV. Des calomnies atroces sont répandues contre le futur Régent, qu'il s'agit de discréditer pour transférer la réalité du pouvoir au duc de Maine. C'est du moins ainsi que Saint-Simon voit les choses et, le seul ou presque, il encourage le duc d'Orléans. Leur heure arrive avec la mort de Louis XIV en 1715.

1. Quiétistes, amis de Fénelon qui avait été, lui, précepteur du duc de Bourgogne.

Les charges (1715-1723) Les avantages que le duc du Maine avait arrachés à Louis XIV sont annulés, avec le testament de celui-ci, par le Parlement. Mais cela ne suffit pas au vindicatif Saint-Simon : il a bien fait adopter par le Régent son système politique de gouvernement par la noblesse dans les divers conseils (et il fait partie du principal, le conseil de Régence) ; mais il lui faut un second coup d'État parlementaire : ce sera le « lit de justice » de 1718, qui écarte de la succession au trône les bâtards détestés et réduit le duc du Maine au rang de duc et pair [1]. Cette séance causera à Saint-Simon la plus forte jubilation de sa vie, et nous vaudra, après l'évocation de la mort du Grand Dauphin et de celle de Louis XIV, le troisième sommet des *Mémoires*.

Mais cela ne rend pas plus efficace le gouvernement par une noblesse qui ne méritait plus guère pareille tâche, comme l'avoue notre auteur lui-même. L'échec du « système de Law » achèvera de condamner, au moins dans les faits, celui de Saint-Simon. Désabusé, ce dernier demande et obtient une ambassade extraordinaire en Espagne pour marier une fille du Régent avec le Prince des Asturies, fils de Philippe V d'Espagne ; tâche honorifique où les cérémonies ravissent notre duc en 1721-1722. Il rentre pour trouver le pouvoir aux mains du cardinal Dubois, qu'il déteste. Ce dernier meurt en août 1723, mais le Régent le suit en décembre de la même année. La régence revient au duc de Bourbon, qui fait rapidement comprendre à Saint-Simon que sa présence n'est plus souhaitée à Versailles.

La retraite (1723-1755) Désormais Saint-Simon habite surtout son hôtel parisien au 218 du boulevard Saint-Germain. Il écrit :

Un grand loisir qui tout à coup succède à des occupations continuelles de tous les divers temps de la vie, forme un grand vide qui n'est pas aisé ni à supporter ni à remplir. Dans cet état, l'ennui irrite et l'application dégoûte. Les amusements, on les dédaigne. Cet état ne peut être durable ; à la fin on cherche malgré soi à en sortir [...]. *Telle a été l'occasion et le progrès de ce qu'on ne peut appeler qu'un*

1. Ayant été légitimé par Louis XIV, il avait acquis rang de prince du sang, et précédait les ducs et pairs.

écrit[1] *et dont on ne fait soi-même que le cas qu'il mérite, c'est-à-dire qu'il a été utile à amuser en le faisant, fort bon après à en allumer le feu, peut-être aussi à montrer à quelqu'un de peu instruit et de fort paresseux, d'un coup d'œil aisé et grossier*[2], *ce qu'il ignore, et qu'il vaudrait mieux toutefois ne pas ignorer; une sorte de rapsodie*[3] *copiée pour les dates et certains faits généalogiques, quelquefois même historiques, où on s'est laissé négligemment entraîner au fil de l'eau à raconter et à raisonner, emporté par la matière, parce qu'on n'a pas voulu prendre la peine de se retenir et qu'on ne l'a estimé que pour soi et pour l'amusement qu'on y a pris.*

Vers la fin, les deuils se multiplient : 1739, son cousin, le grand-père du comte de Saint-Simon qui inventera le socialisme ; 1743, le grand chagrin, son épouse, dont le décès arrête durant six mois la rédaction des *Mémoires* ; 1746, son fils aîné ; 1754, son second fils.

Le 2 mars 1755, lui-même meurt à l'âge de quatre-vingts ans. Il laisse près de 200 portefeuilles de papiers (plus de 3 000 cahiers d'écrits et documents), dont 11 contiennent, en 173 cahiers, les 2 756 pages de grand format (36×24) entièrement rédigées de la fine écriture du duc, et qui constituent le manuscrit des célèbres *Mémoires*. Il était ruiné : ses créanciers font saisir tous ses biens ; puis le roi, toutes ses œuvres.

1. Le *Préambule aux Maisons d'Albret*, etc.; mais tout ce passage convient aussi pour les *Mémoires*. — 2. Rudimentaire. — 3. Suite de pièces hétéroclites cousues ensemble; « ramas de mauvaise prose » (Littré).

SAINT-SIMON : L'HOMME

Physique On n'a aucun portrait valable de Saint-Simon (qu'il soit de complaisance ou de facture posthume). On connaît sa très petite taille qui le faisait appeler *boudrillon* (bout d'homme) ou *mirmidon* par les chansonniers de l'époque. Des traits menus et anguleux, une voix aiguë et fluette (« un filet de vinaigre », selon Caumartin), des gestes saccadés n'étaient pas faits pour relever ce défaut de stature et rendre imposant ce duc, pourtant si imbu et entiché de sa dignité.

Famille *J'ai toujours aimé mon nom ; je n'ai rien oublié pour élever tous ceux qui l'ont porté de mon temps ; je n'y ai pas été heureux.*

Attachement conjugal : un an après la mort de sa femme, il croit être « *le plus malheureux de tous les hommes* » par l'amertume qu'il en ressent « *jour et nuit en presque tous les moments* ». Il veut être enseveli pres d'elle et que « *soit fait et mis anneaux, crochets et liens de fer qui attachent nos deux cercueils si étroitement ensemble et si bien rivés, qu'il soit impossible de les séparer l'un de l'autre sans les briser tous deux* ». Solidaires dans la mort, ils seront jetés ensemble à la fosse commune par les Révolutionnaires de 1794.

Attachement au rang hédéritaire : *Ma passion la plus vive et la plus chère est celle de ma dignité et de mon rang. Ma fortune*[1] *ne va que bien loin après et je la sacrifierais, présent et futur, avec transports de joie pour quelque rétablissement de ma dignité.* Cela ne va pas sans beaucoup de mépris, de raideur, d'intransigeance.

Humeur Voici ce qu'il s'entend le plus souvent reprocher : *J'avais trop mauvaise opinion de tout le monde.* Il a du mal à accepter le point de vue d'autrui (*Je résistai ; ils le voulurent : j'obéis*), mais plus encore à renoncer au sien propre : *Excuses, propos, tout ce qui se peut dire de plus touchant. Je demeurai longtemps sur la glace du silence, puis du respect ; à la fin, je me mis en colère.* Sa rancune ne connaît naturellement aucune

1. Situation.

borne : *Pontchartrain rageait, et je le regardais à le pénétrer. Il n'était pas au bout.* Il va jusqu'à la férocité avec Noailles, souhaitant *de l'écraser en marmelade et de lui marcher à deux pieds sur le ventre.*

Activité Cette ténacité redoutable se joint à une activité infatigable. Le Régent, son ami, dit de lui : « Il est immuable comme Dieu, et d'une suite enragée. » On le voyait homme de cabale, que ce soit Mme de Maintenon le jugeant « glorieux [1], frondeur et plein de vues [2] » ou les chansonniers :

Il remue, il cabale
et fait le furibond,
Boudrillon,
et jappe avec scandale [3]
en toute occasion,
Boudrillon...

Lui-même se dépeint en Espagne, pendant l'ambassade de 1721, *presque mort de courses, de compliments, de veilles, d'attentions et d'écritures.*

Il est épris d'efficacité : *Une idée sans exécution est un songe, et son développement dans tout ce détail un roman. Je l'ai compris avant de l'écrire ; mais j'ai cru me devoir à moi-même de montrer que je n'enfante pas des chimères.* Définition un peu algébrique, et dont voici un aspect plus concret : *Telles furent les machines [4], et les combinaisons de ces machines, que mon amitié pour ceux à qui j'étais attaché, ma haine pour Mme la Duchesse, mon attention sur ma situation présente et future surent découvrir, agencer, faire marcher d'un mouvement juste et compassé, avec un accord exact et une force de levier, que l'espace du Carême commença et perfectionna, dont je savais toutes les démarches, les embarras et les progrès par tous ces divers côtés qui me répondaient, et que tous les jours aussi je remontais en cadence réciproque.*

On voit comme, à cette volupté de l'action souterraine et incessante, est liée celle d'être exactement et perpétuellement informé.

Curiosité A l'occasion de la visite du tsar Pierre le Grand à Paris, Saint-Simon se qualifie lui-même de « voyeux » *(perçant de mes regards clandestins*

1. Orgueilleux. — 2. Visées ambitieuses. — 3. Allusion au surnom de *basset* que leur petite taille valait parfois à Saint-Simon, mais surtout à ses deux fils. — 4. Manœuvres, intrigues.

chaque visage, chaque maintien, chaque mouvement, et y délectant ma curiosité). Curiosité impatiente qu'il montre dans une lettre au duc d'Orléans : *Mes ténèbres me font enrager ici* [...]. *J'attrape des faits secs et crus à travers les fentes des portes, et j'en demeure là en pétillant.* Curiosité plus forte que toute charité en ce dévot : *Malheureusement pour moi, la charité ne me tenait pas renfermé dans une bouteille.* Curiosité presque policière dans ses procédés : *Je mettais les uns et les autres sur les voies et par conversation les enfilais doucement à raconter ce que je m'étais proposé à tirer d'eux.* Cette impatience de savoir se double d'une impatience d'exprimer.

Goût du commérage *J'étouffais de silence parmi les plaintes et les surprises narratives de ces dames.* Après cet aveu, relevons un conseil : « Mais il faut tenir votre langue » ; c'est Louis XIV qui le donne, aimablement d'ailleurs, à Saint-Simon. Écrite ou parlée, l'expression est volubile : « Une source abondante qui veut sortir par un goulot trop étroit et qui s'y étrangle » (Sainte-Beuve [1]). Curieux et bavard, Saint-Simon l'est passionnément : « Il est la concierge géniale de la cour, le duc des commères. Sa phrase pleine de reprises, de détours, où jamais il ne perd haleine, me fait toujours songer à une concierge que j'eus. Mme Bernard avait moins de style que Saint-Simon, mais une passion comparable » (Claude Roy [1]).

Esprit Cette passion qui se manifeste à chaque instant chez notre auteur lui coûte bien des mesquineries et borne souvent ses horizons : il sait décrire un combat, mais non pas s'élever à la conception stratégique, et dénie toute valeur aux plus grands militaires de son temps, particulièrement Vendôme et Villars.

Pourtant, son esprit sait dépasser les préjugés de caste et reconnaître le mérite, surtout la valeur morale, à tous les niveaux de la société ; en politique, ses vues réformatrices et libérales lui font honneur et recoupent celles d'un La Bruyère ou d'un Fénelon, peut-être même d'un Montesquieu. Il est désintéressé par nature et saura se détacher du monde : *Tout m'avait préparé à me survivre.*

Rassemblons pour finir ces traits distincts dans les

1. Voir la Bibliographie, p. 18.

synthèses de contemporains qui l'ont bien connu, soit pour en médire à l'excès — « Quel caractère odieux, injuste et anthropophage de ce petit dévot sans génie, plein d'amour-propre et ne servant d'ailleurs aucunement à la guerre » (Marquis d'Argenson) — soit pour des reproches nuancés : « Mais aussi, Monsieur, c'est que vous parlez et que vous blâmez, voilà ce qui fait qu'on parle contre vous », lui dit en 1710 Louis XIV, ajoutant qu'il passait pour être vif sur les rangs[1], s'y[2] être mêlé de beaucoup de choses, pousser les autres et se mettre à leur tête.

Un an avant, la duchesse de Bourgogne, amie de Saint-Simon, lui expliquait, rapporte-t-il :

... *que l'on disait que j'avais beaucoup plus d'esprit, de connaissances et de vues*[3] *que l'ordinaire des gens, que chacun me craignait et avait attention à moi, qu'on me voyait lié à tous les gens en place, qu'on redoutait que j'y arrivasse moi-même, et qu'on ne pouvait souffrir ma hauteur et ma liberté à m'expliquer sur les gens et sur les choses d'une façon à emporter la pièce, que ma réputation de probité rendait encore plus pesante.*

Voici encore quelques conseils de son ami Pontchartrain : « N'avez-vous point de honte de n'être jamais content de ce que pensent les autres ? Serez-vous toujours partial en toute affaire ? [...] Soyez toujours très muet, mais exaltez-vous dans l'esprit de vérité. » C'est le même Pontchartrain qui, le connaissant sous tous ses aspects, pouvait montrer le côté attachant de cette personnalité malgré ses défauts : « Vous êtes un terrible homme et avec cela il faut encore que je vous aime. » Quant au lecteur des *Mémoires*, c'est plutôt parce que Saint-Simon est « un terrible homme », qu'il l'aime dans son œuvre.

C'est qu'il possède les qualités de ses défauts, tout aussi intenses et constantes qu'eux : intégrité, probité, désintéressement, fidélité, dévouement sans limite pour ceux qu'il aime, dignité qui jamais ne déroge ou ne s'abaisse, franchise rude et parler net. Là où Dangeau, avec la platitude des notices nécrologiques habituelles, mentionne la mort du comte de Gramont, Saint-Simon jette en marge : *Le comte de Gramont était un sacripant de cour et de monde*. Rien de moins courtisan que notre auteur : un Alceste qui aurait la férocité de trait d'une Célimène.

1. Susceptible au sujet des préséances. — 2. En ce domaine. — 3. Ambitions.

SAINT-SIMON : SES PRINCIPES

Politique Traditionalisme nobiliaire et réformisme libéral se combinent chez Saint-Simon. Il est hostile à la monarchie absolue parce qu'elle écarte du pouvoir les grands nobles (et plus spécialement les ducs et pairs, créés à l'origine pour conseiller le Roi). Il considère la monarchie et le rôle de la noblesse comme inscrits dans la nature des choses, et il s'élève contre l'ascension de la bourgeoisie et la tyrannie bureaucratique qui s'y rattache.

Adversaire des tyrannies monarchique et ministérielle, il rejoint tout naturellement la tradition libérale, alors incarnée par un Fénelon ou un Boulainvillier, et développée ensuite par Montesquieu (mais les pouvoirs intermédiaires, pour ce dernier, étaient plus les magistrats que les nobles). Il a la même horreur du despotisme que Vauvenargues, la même exigence de réformes que l'abbé de Saint-Pierre. On voit apparaître chez lui des projets fort précis de nationalisation des salines, de décentralisation administrative et financière doublée d'une représentation permanente et consultative assurée par les délégations locales des États Généraux ; il envisage aussi de mettre fin à la vénalité des offices en rachetant ces charges aux frais de l'État et en créant des retraites.

A l'avant-garde sous le conformisme louis-quatorzième, Saint-Simon se trouvera brusquement dépassé et comme déphasé devant l'explosion de la Régence qui révèle des courants, souterrains jusqu'alors, auxquels saura s'adapter le Régent, mais non son ami.

Religion Ici encore, traditionalisme sincère et libéral. Saint-Simon a la foi du charbonnier en ce qu'il ne remet nullement en cause son *Credo* catholique. Au reste, il connaît bien les tendances qui se partagent le catholicisme de son temps, mais se refuse à se réduire à aucune : estime morale et distance pour les jansénistes ou les quiétistes, jugement nuancé sur les jésuites [1]. Son guide est le réformateur de la Trappe, l'abbé de Rancé. En fait, il tient à la liberté religieuse à l'intérieur de l'Église : *La religion se persuade et ne se commande pas,* dit-il. Ses sympathies vont aux opprimés, mais non sa conviction ;

---

1. Jésuites et jansénistes sont adversaires depuis le milieu du XVIIe siècle (voir *les Provinciales* de Pascal).

son antipathie, au despotisme religieux et à l'intrusion de la politique dans les affaires de conscience. Il est pour l'Édit de Nantes, et contre l'ultramontanisme [1] et la bulle *Unigenitus* [2]. Il juge la religion à ses conséquences morales.

Morale C'est finalement là son domaine d'élection : qu'il parle d'un guerrier, d'un politique, d'un religieux ou même d'un artiste, il le juge, et fondamentalement, sur le plan moral.

Il apprécie le dévouement aux valeurs supérieures ; chez lui apparaît cette notion, assez nouvelle en son temps : la patrie ; comme les hommes de 1789, il loue un Vauban d'être patriote. Il aime le mérite et la vertu chez des parvenus (duchesse de Sully) ou des roturiers (Catinat). « Avec le goût des honnêtes gens, il a l'antipathie non moins prompte et non moins instinctive contre les coquins, les hypocrites, les âmes basses et mercenaires, les courtisans plats et uniquement intéressés », dit Sainte-Beuve.

C'est qu'il veut des aristocrates non seulement de titre, mais d'âme et d'esprit ; à ce dernier égard, il est plus proche de bien des intellectuels de son temps que du commun des courtisans (cela ne veut pas dire les moindres). Non-conformiste, il a la passion de ce qu'il appelle la vérité ; mais, comme son jugement passionné déforme souvent le trait en l'appuyant, nous parlerons plutôt de sa véracité qui, elle, est indéniable et entière.

Style Cette exigence de franchise le pousse à s'exprimer vigoureusement : *L'énergie de mes expressions, même ordinaires, faisait peur.* En s'exprimant aussi librement (en dehors de mémoires [3] rédigés pour de hautes personnalités et où il adopte une éloquence compassée), il a voulu écrire le plus efficacement possible et avec clarté ; mais son impatience lui faisant refuser *le lâche et le diffus d'une vaine éloquence* [...], *de phrases comme en musique, mais tout à fait vides de sens,* son goût du concis nuira quelque peu à la clarté qu'il requiert par ailleurs. Au reste, il ne se souciait nullement d'art : *Je ne fus jamais un sujet académique.* C'est justement par là qu'il se montra un grand artiste, étant, sans le savoir, écrivain-né.

1. Dépendance des églises nationales par rapport à la papauté. — 2. Condamnation d'un ouvrage janséniste par le pape en 1713. — 3. Au sens d'études, d'essais, etc.

SAINT-SIMON : SON ŒUVRE

Aspect Les *Mémoires,* qui sont consacrés aux années 1691 à 1723, forment un manuscrit autographe continu de 2 756 pages, sans autres repères que le millésime des années (au fur et à mesure de leur apparition), et que de petits résumés marginaux, repris par les éditeurs en haut des pages et comme sommaire des chapitres qu'ils ont découpés eux-mêmes dans le texte.

Genèse Dès 1694, Saint-Simon prend des notes et amasse des matériaux en vue de futurs *Mémoires,* exalté par ceux du MARÉCHAL DE BASSOMPIERRE qu'il vient de lire. En 1699, il soumet à l'abbé de Rancé quelques échantillons rédigés, afin de mettre en règle sa conscience et ses scrupules de chrétien. Rassuré, il continue.

En 1729 lui parvient par le duc de Luynes le *Journal* de DANGEAU, relevé au jour le jour des faits de la cour, précieux document, mais sec et impersonnel ; cette fadeur exaspère Saint-Simon qui, pendant dix ans, annote et surcharge les 37 volumes du *Journal,* un peu comme Montaigne avait commencé par écrire dans les marges de Sénèque et de Plutarque avant de rédiger directement ses *Essais* ; comme Montaigne en tout cas, Saint-Simon se met en 1739 à rédiger enfin pour son propre compte ces *Mémoires* qu'il avait toujours eu dans l'esprit de mener à bien. Pour cela, il reprend ses annotations sur Dangeau, ses propres notes et documents accumulés des décades durant, et en fait la synthèse dans une rédaction directe sur de grandes feuilles. Il part de l'année 1691, ne voulant parler que de ce qu'il a vu ou recueilli lui-même ; il ira jusqu'à 1723, date de son départ de la cour, pour les mêmes raisons. Ce travail énorme le mène jusque vers 1750. Cependant il annonce une suite dont rien n'interdit de penser qu'il a pu l'entreprendre. Mais ici se pose le problème de l'étonnante destinée de cette masse d'écrits, notes et documents.

Destinée Cela commence, le surlendemain de la mort de l'auteur, par la saisie de tous ses biens au bénéfice des créanciers. Heureuse saisie qui nous vaut un inventaire d'une inestimable précision, grâce auquel on sait que s'ajoutaient, aux 11 portefeuilles des *Mémoires*, 185 portefeuilles et d'abondantes correspondances.

Fin 1760, Choiseul signe un ordre du roi décidant la mise au secret des écrits ; les voilà sauvés des créanciers et de la dispersion (ainsi que de la publication, prématurée pour bien des amours-propres de famille !).

Ici s'étend un siècle de sommeil aux Affaires étrangères. Concédée par Louis XVIII, la restitution des *Mémoires* traîne jusqu'en 1828. Les *Mémoires* sont alors édités avec grand succès par le général (1830).

Quand les archives des Affaires étrangères s'installent au Quai d'Orsay (1853), les papiers de Saint-Simon (autres que les *Mémoires*) sont toujours là. Chéruel, qui donne la première édition définitive des *Mémoires* de 1856 à 1858, se voit refuser l'accès au dépôt. Faugère, directeur de ces archives, maintient le séquestre et publie, entre 1880 et 1892, huit volumes d'*Écrits inédits* de Saint-Simon, dont le beau *Parallèle des trois premiers rois Bourbons*. Mais, cela donné, plus rien; or, il devrait y avoir encore plus de 150 portefeuilles (quinze fois la quantité des *Mémoires* !).

- **Conseils pour la lecture des « Mémoires »**

Une concession - On peut se résigner à sauter les passages d'érudition (préséances, institutions, généalogies, archives diplomatiques, etc), soit, dans l'édition de la Pléiade, procurée par Gonzague Truc :

T. I (chap. 58 et 59; chap. 64 à 68).
T. III (du milieu du chapitre 52 au début du chapitre 53).
T. IV (chap. 30 à 32).
T. V (chap. 30; prendre « en diagonale » les chapitres 49 à 67 qui retranscrivent presque littéralement un condensé des archives de Torcy).
T. VI (chap. 45 à 47 à feuilleter pour y relever des traits vifs ou pittoresques, mais épars).

L'idéal, ce serait évidemment d'avoir la patience et la disponibilité (par exemple des grandes vacances) nécessaires pour la lecture suivie et totale des *Mémoires*. Faute de quoi, l'on peut, en cours d'année, les lire intégralement à petites doses, mais suivies de jour en jour, avec quelques grands élans pour les passages d'un seul tenant (mort du Grand Dauphin ou Lit de Justice de 1718).

Un pis-aller - Sans renoncer à une lecture d'ensemble en des temps meilleurs, rien n'empêche, en attendant, de picorer çà et là soi-même, au hasard de l'index, de ses curiosités personnelles ou du caprice.

BIBLIOGRAPHIE DE BASE

Éditions des « Mémoires »

— En cours de réédition avec refonte : Gallimard. Bibliothèque de la Pléiade (7 vol.?).
— À consulter en bibliothèque : Éd. Boislisle en 41 vol. + 2 d'index (Hachette, Grands écrivains de la France, 1889-1928).

Introduction

Article «Saint-Simon » par R. JUDRIN in *Encyclopaedia Universalis* (t. XIV).

Vues d'ensemble

SAINTE-BEUVE : *Les grands écrivains français (XVIIe siècle : mémorialistes, épistoliers, romanciers)* avec 3 articles (Garnier, 1930), majeur.
F.-R. BASTIDE : *Saint-Simon par lui-même* (Éd. du Seuil, Écrivains de toujours, 1953), séduisant.
C. FATTA : *Esprit de Saint-Simon* (Corrêa, 1954), très riche.
E. D'ASTIER : *Sur Saint-Simon* (Gallimard, 1962), stimulant.
J. CABANIS : *Saint-Simon l'admirable* (Gallimard, 1974), moraliste.

Travaux spécialisés

Biographie : G. POISSON : *Monsieur de Saint-Simon* (Berger-Levrault, 1973), documenté.
Histoire : A. CHÉRUEL : *Saint-Simon considéré comme historien de Louis XIV* (Hachette, 1865), minutieux.
Regard : Y. COIRAULT : *L'Optique de Saint-Simon* (A. Colin, 1965), capital.
— D. VAN DER CRUYSSE : *Le Portrait dans les « Mémoires » de Saint-Simon* (Nizet, 1971), solide.
Langue P. ADAM : *Contribution à l'étude de la langue des « Mémoires ». Le vocabulaire et les images* (Slatkine, 1970).
— I. ROUFFIANGE-DAROTCHETCHE : *Lecture syntaxique des « Mémoires » de Saint-Simon* (Toulouse, 1977).
— En attente, thèse de J. Tuffet sur le style de Saint-Simon.
Divers : n° spécial de la revue « XVIIIe siècle » (n° 94-95 de 1971).

MÉMOIRES

PREMIÈRE PARTIE

ANATOMIE DE LA COUR

1 *LOUIS XIV (1638-1715)*

Ses derniers actes [9 août 1715]. Le Roi courut le cerf après dîner dans sa calèche, qu'il mena lui-même à l'ordinaire, pour la dernière fois de sa vie, et parut très abattu au retour. Il eut le soir grande musique chez Mme de Maintenon. Le samedi 10 août, il se promena avant de dîner dans ses jardins à Marly ; il en revint à Versailles sur les six heures du soir pour la dernière fois de sa vie, et ne revoir jamais cet étrange ouvrage de ses mains[1]. Il travailla le soir chez Mme de Maintenon avec le Chancelier, et parut fort mal à tout le monde. Le dimanche 11 août, il tint le conseil d'État, s'alla promener l'après-dînée à Trianon, pour ne plus sortir de sa vie [...]. Le lendemain 12 août, il prit médecine à son ordinaire, et vécut à son ordinaire aussi de ces jours-là. On sut qu'il se plaignait d'une sciatique à la jambe et à la cuisse. Il n'avait jamais eu de sciatique ni de rhumatisme ; jamais enrhumé, et il y avait longtemps qu'il n'avait eu de ressentiment[2] de goutte. Il y eut le soir petite musique chez Mme de Maintenon, et ce fut la dernière fois de sa vie qu'il marcha.

Le mardi 13 août, il fit son dernier effort pour donner

1. Saint-Simon n'apprécie pas le domaine de plaisance coûteusement aménagé à Marly : « Telle fut la fortune d'un repaire de serpents et de charognes, de crapauds et de grenouilles, uniquement choisi pour n'y pouvoir dépenser. » — 2. « Faible renouvellement d'un mal » (Littré).

en revenant de la messe, où il [se] fit porter, l'audience de congé, debout et sans appui, à ce prétendu ambassadeur de Perse [1]. Sa santé ne lui permit pas les magnificences qu'il s'était proposées comme à sa première audience ; il se contenta de le recevoir dans la pièce du trône, et il n'y eut rien de remarquable. Ce fut la dernière action publique du Roi, où Pontchartrain trompait si grossièrement sa vanité pour lui faire sa cour. Il n'eut pas honte de terminer cette comédie par la signature d'un traité, dont les suites montrèrent le faux de cette ambassade [2]. Cette audience, qui fut assez longue, fatigua fort le Roi.

(IV, 877-878.)

Ses dernières paroles Ce même lundi 26 août, après que les deux cardinaux furent sortis, le Roi dîna dans son lit en présence de ce qui avait les entrées [3]. Il les fit approcher comme on desservait, et leur dit ces paroles, qui furent à l'heure même recueillies : « Messieurs, je vous demande pardon du mauvais exemple que je vous ai donné. J'ai bien à vous remercier de la manière dont vous m'avez servi, et de l'attachement et de la fidélité que vous m'avez toujours marquée. Je suis bien fâché de n'avoir pas fait pour vous ce que j'aurais bien voulu faire. Les mauvais temps en sont cause. Je vous demande pour mon petit-fils [4] la même application et la même fidélité

• **Avertissement**

La lecture de Saint-Simon présente quelques difficultés qu'on surmontera sans grand-peine une fois averti; en voici l'essentiel, illustré d'exemples empruntés aux pp. 3-81.

---

1. Escroc qui se fit passer pour *ambassadeur de Perse*; Saint-Simon, qui ne manque pas une occasion de l'accabler, accuse Pontchartrain fils d'avoir reconnu mais laissé faire cette duperie pour se faire bien voir du roi, qui avait le goût de ces réceptions fastueuses. — 2. Historiquement très contesté. — 3. Ceux qui, par rang ou charge, avaient à certaines heures accès à la chambre du roi. — 4. Le futur Louis XV, alors âgé de cinq ans et Dauphin.

Obscurité

— du pronom personnel : *En lui* (Roi) *faisant la révérence, il* (père) *me présenta* (...), *comme il* (Roi) *sortait du conseil* (p. 4);
— du possessif : *Cette lecture de l'histoire et surtout des Mémoires particuliers de la nôtre* (notre histoire) (p. 3);
— du démonstratif (suite de la phrase) : ... *me firent naître l'envie d'écrire aussi ceux* (mémoires) *de ce que je verrais*;
— d'une tendance plus générale (fréquente au XVIIIe siècle, mais utilisée à l'extrême par notre auteur) à éviter la répétition d'un nom en y renvoyant ou faisant allusion par un pronom ou adjectif : *Le Roi, ayant fait un grand siège cette année, se reposerait la prochaine* (année) (p. 4); d'où un style volontiers elliptique : *Quand elle n'affectionnait personne, c'était le ministre même* (qui affectionnait et protégeait quelqu'un) (p. 80, l. 152-153) ou nominal : *l'air du néant* (de n'être rien) *sinon par lui* (p. 26, l. 15);
— de relatifs trop éloignés de l'antécédent : *Cette lecture* (...), *que je faisais* (p. 3) — ou précédés d'un mot non-antécédent : *sans que la princesse en perdît son sérieux, qui* (princesse) *ne s'expliqua point avec moi d'autre façon* (p. 70, l. 20-22);
— d'une tendance plus générale à disjoindre des mots que soude la grammaire, mais non le langage parlé : *qui rendirent toutefois un service à sa renommée plus solide*, où *solide* se rapporte à *service* (p. 40, l. 3-5);
— de l'accumulation des *que*, souvent de nature différente (complétif, relatif, voire temporel) : *Telles furent les machines*, etc. (p. 11); ... *que l'on disait que j'avais*, etc. (p. 13);
— d'une tendance corrélative à la grande phrase pour l'absorption de laquelle le mieux est de prendre son souffle afin de la (re) lire d'un seul élan : *Telle a été*, etc. (pp. 8-9).

Irrégularités

— dans l'orthographe et la ponctuation;
— dans les accords : *soit fait et mis des anneaux* (p. 10);
— dans les relatifs, soit à antécédent non déterminé : *sans air* (...) *qui n'y peut être bon* (p. 34, l. 15); soit neutres non précédés de *ce* : *que le Roi était mort, dont le bruit...* (p. 23, l. 56);
— dans les mises en facteur commun : *découvrit ce que j'avais tramé* (...) *et que j'avais monté mon père...* (p. 4);
— par diverses ruptures de construction : *jusqu'à n'avoir pu s'en passer, et* (à tel point) *qu'il ne s'y divertissait...* (p. 52, l. 42-43).

Tout cela, concision et grande phrase (effets de densité), disjonction et dissymétrie (effets d'expressivité), rejoint le style des deux plus grands historiens antiques, à la fois moralistes et artistes : Tacite et Thucydide.

Conventions

Les références au texte des *Mémoires* sont faites par rapport à l'édition de la Pléiade 1953-1961 (7 vol.), en chiffres romains pour indiquer le tome, arabes pour indiquer les pages.

que vous avez eue pour moi. C'est un enfant qui pourra essuyer bien des traverses. Que votre exemple en soit un pour tous mes autres sujets. Suivez les ordres que mon neveu [1] vous donnera. Il va gouverner le royaume ; j'espère qu'il le fera bien ; j'espère aussi que vous contribuerez tous à l'union, et que, si quelqu'un s'en écartait, vous aiderez à le ramener. Je sens que je m'attendris, et que je vous attendris aussi ; je vous en demande pardon. Adieu, Messieurs : je compte que vous vous souviendrez quelquefois de moi. »

Un peu après que tout le monde fut sorti, le Roi demanda le maréchal de Villeroy, et lui dit ces mêmes paroles, qu'il retint bien, et qu'il a depuis rendues [2] : « Monsieur le maréchal, je vous donne une nouvelle marque de mon amitié et de ma confiance en mourant. Je vous fais gouverneur du Dauphin, qui est l'emploi le plus important que je puisse donner. Vous saurez par ce qui est dans mon testament ce que vous aurez à faire à l'égard du duc du Maine [3]. Je ne doute pas que vous ne me serviez après ma mort avec la même fidélité que vous l'avez fait pendant ma vie. J'espère que mon neveu vivra avec vous avec la considération et la confiance qu'il doit avoir pour un homme que j'ai toujours aimé. Adieu, Monsieur le maréchal ; j'espère que vous vous souviendrez de moi. »

Le Roi, après quelque intervalle, fit appeler Monsieur le Duc [4] et M. le prince de Conti, qui étaient dans les cabinets [5], et, sans les faire trop approcher, il leur recommanda l'union désirable entre les princes [6], et de ne pas suivre les exemples domestiques [7] sur les troubles et les guerres ; il ne leur en dit pas davantage. Puis, entendant des femmes dans le cabinet, il comprit bien qui elles étaient, et tout de suite leur manda d'entrer. C'était Mme la duchesse de Berry [8], Madame [9], Mme la duchesse d'Orléans, et les princesses du sang,

1. Le duc d'Orléans, futur Régent. — 2. Livrées. — 3. Bâtard de Louis XIV et de Mme de Montespan, légitimé comme son frère le comte de Toulouse; il avait intrigué auprès du roi pour se faire confier la surveillance de l'éducation du jeune Dauphin. — 4. Duc de Bourbon, arrière-petit-fils du grand Condé et cousin de Conti. — 5. « Pièce où l'on se retire pour travailler » (Littré). — 6. Louis XIV avait gardé de l'enfance une hantise de la Fronde. — 7. Familiaux (cf. Fronde, etc.). — 8. Fille du duc d'Orléans, petite-fille de Madame. — 9. La Palatine, seconde femme de Monsieur (frère du roi) et mère du duc d'Orléans.

qui criaient ; et à qui le Roi dit qu'il ne fallait point crier ainsi. Il leur fit des amitiés courtes, distingua[1] Madame, et finit par exhorter Mme la duchesse d'Orléans et Mme la Duchesse de se raccommoder. Tout cela fut court, et il les congédia. Elles se retirèrent par les cabinets, pleurant et criant fort, ce qui fit croire au dehors, parce que les fenêtres des cabinets étaient ouvertes, que le Roi était mort, dont[2] le bruit alla à Paris, et jusque dans les provinces.

Quelque temps après, il manda à la duchesse de Ventadour de lui amener le Dauphin. Il le fit approcher et lui dit ces paroles devant Mme de Maintenon et le très peu des plus intimement privilégiés ou valets nécessaires, qui les recueillirent : « Mon enfant, vous allez être un grand roi. Ne m'imitez pas dans le goût que j'ai eu pour les bâtiments, ni dans celui que j'ai eu

---

- **Les discours** (pp. 20-24)

  ① Noter la différence de style entre les phrases du Roi et celles que l'auteur emploie pour son propre compte; dans quelle mesure peut-on y voir un signe d'authenticité des paroles rapportées? En outre, étudier la composition du premier discours et indiquer en quoi le ton du second est plus familier.

- **Le Roi**

  ② Montrer la permanence de cette fonction : — *a*) dans le souci d'unité politique et familiale (et la crainte que se renouvelle cette Fronde dont il avait gardé, depuis son enfance, un souvenir si pénible); — *b*) dans l'énoncé des propos (nuances précises dans la considération marquée en fonction des rangs; politesse et pudeur).

- **Le mourant** — Noter d'une part son humilité et son détachement, d'autre part le peu d'effet pratique de ses requêtes, soit immédiatement (cris des princesses), soit à terme (Saint-Simon racontera plus bas — VII, 212-213 — l'arrestation de Villeroy par l'ordre de ce neveu à qui il le recommandait alors).

  ③ Préciser l'impression produite sur le lecteur par ce contraste entre la grandeur morale du Roi et l'affaiblissement de son pouvoir; déterminer quel aspect l'emporte, comment et pourquoi.

---

1. *Distinguer :* « Élever au-dessus du commun par quelque marque » (Littré). — 2. Ce *dont...*

pour la guerre ; tâchez, au contraire, d'avoir la paix avec vos voisins. Rendez à Dieu ce que vous lui devez ; reconnaissez les obligations que vous lui avez ; faites-le honorer par vos sujets. Suivez toujours les bons conseils ; tâchez de soulager vos peuples, ce que je suis assez malheureux pour n'avoir pu faire. N'oubliez point la reconnaissance que vous devez à Mme de Ventadour. Madame (s'adressant à elle), que je l'embrasse » ; et en l'embrassant lui dit : « Mon cher enfant, je vous donne ma bénédiction de tout mon cœur. »

(IV, 930-932.)

Son caractère : généralités

L'esprit du Roi était au-dessous du médiocre [1], mais très capable de se former. Il aima la gloire ; il voulut l'ordre et la règle. Il était né sage, modéré, secret, maître de ses mouvements et de sa langue ; le croira-t-on ? il était né bon et juste, et Dieu lui en avait donné assez pour être un bon roi, et peut-être même un assez grand roi. Tout le mal lui vint d'ailleurs. Sa première éducation fut tellement abandonnée que personne n'osait approcher de son appartement. On lui a souvent ouï parler de ces temps avec amertume, jusque-là qu'il racontait qu'on le trouva un soir tombé dans le bassin du jardin du Palais-Royal à Paris, où la cour demeurait alors.

(IV, 950.)

Saint-Simon, en intellectuel et contemporain des « philosophes » du XVIIIe siècle, croit à l'importance de l'éducation et des années d'apprentissage, en particulier ici de l'entourage de la comtesse de Soissons [2], fréquenté par le roi dans sa jeunesse.

Préventions

Les intrigues et les aventures que, tout roi qu'il était, il essuya, dans ce tourbillon de la comtesse de Soissons, lui firent des impressions qui devinrent funestes, pour avoir été plus fortes

1. De la moyenne. — 2. Olympe Mancini, nièce de Mazarin et mère du prince Eugène; son salon fut, vers 1660, « le centre de la galanterie de la cour, et des intrigues et des menées de l'ambition » (Saint-Simon).

que lui. L'esprit, la noblesse de sentiments, se sentir [1], se respecter, avoir le cœur haut, être instruit, tout cela lui devint suspect, et bientôt haïssable. Plus il avança en âge, plus il se confirma dans cette aversion. Il la poussa jusque dans ses généraux et dans ses ministres, laquelle dans eux ne fut contre-balancée que par le besoin [2], comme on le verra dans la suite. Il voulait régner par lui-même ; sa jalousie là-dessus alla sans cesse jusqu'à la faiblesse. Il régna en effet dans le petit ; dans le grand il ne put y atteindre, et jusque dans le petit il fut souvent gouverné.

(IV, 942.)

Orgueil Ses ministres, ses généraux, ses maîtresses, ses courtisans s'aperçurent, bientôt après qu'il fut le maître, de son faible plutôt que de son goût pour la gloire. Ils le louèrent à l'envi et le gâtèrent. Les louanges, disons mieux, la flatterie lui plaisait à tel point, que les plus grossières étaient bien reçues, les plus basses encore mieux savourées. Ce n'était que

---

• **Le mythe du « Grand Roi » est remis en question** (pp. 24-28)

① Relever les diverses attaques dirigées contre Louis XIV; en noter la vigueur provocante (début) et en rechercher les causes (Saint-Simon est justiciable de presque toutes les préventions du Roi), en relever les raisons avancées.

② Le souci de véracité : montrer qu'il est assuré par la sauvegarde des nuances (ici favorables : les relever).

③ Le dénigrement : montrer qu'il opère tantôt violemment, tantôt insidieusement (en analyser des exemples), tantôt contre le Roi, tantôt contre toute l'époque.

④ Le pessimisme du moraliste : noter son extension et sa précision analytique (*et, si par hasard...*, p. 28, l. 9).

⑤ Le style expressif : illustrer avec précision l'exactitude des nuances (p. 25, l. 11-15), la force des termes (absolus, superlatifs, etc.) et l'irrégularité du style (*Les louanges...*, p. 25, l. 5-7) ou de la composition (digressions, etc.).

---

1. « Avoir conscience du mérite qu'on possède » (Littré). — 2. Seul *le besoin* absolu qu'il avait de telle personnalité l'amenait à surmonter son aversion pour la garder à son service.

par là qu'on s'approchait de lui, et ceux qu'il aima n'en furent redevables qu'à heureusement rencontrer[1], et à ne se jamais lasser en ce genre. C'est ce qui donna tant d'autorité à ses ministres, par les occasions continuelles qu'ils avaient de l'encenser, surtout de lui attribuer toutes choses, et de les avoir apprises de lui[2]. La souplesse, la bassesse, l'air admirant, dépendant, rampant, plus que tout l'air de néant sinon par lui[3], étaient les uniques voies de lui plaire. Pour peu qu'on s'en écartât, on n'y revenait plus[4], et c'est ce qui acheva la ruine de Louvois. Ce poison ne fit que s'étendre. Il parvint jusqu'à un comble incroyable dans un prince qui n'était pas dépourvu d'esprit et qui avait de l'expérience. Lui-même, sans avoir ni voix ni musique, chantait dans ses particuliers[5] les endroits les plus à sa louange des prologues des opéras ; on l'y voyait baigné, et jusqu'à ses soupers publics au grand couvert, où il y avait quelquefois des violons, il chantonnait entre ses dents les mêmes louanges quand on jouait les airs qui étaient faits dessus.

De là ce désir de gloire qui l'arrachait par intervalles à l'amour ; de là cette facilité à Louvois de l'engager en de grandes guerres, tantôt pour culbuter Colbert, tantôt pour se maintenir ou s'accroître, et de lui persuader en même temps qu'il était plus grand capitaine qu'aucun de ses généraux, et pour les projets et pour les exécutions, en quoi les généraux l'aidaient eux-mêmes pour plaire au Roi. Je dis les Condé, les Turenne, et à plus forte raison tous ceux qui leur ont succédé. Il s'appropriait tout avec une facilité et une complaisance admirable en lui-même, et se croyait tel qu'ils le dépeignaient en lui parlant. De là ce goût de revues, qu'il poussa si loin que ses ennemis l'appelaient le roi des revues, ce goût de sièges pour y montrer sa bravoure à bon marché[6], s'y faire retenir à force, étaler sa capacité, sa prévoyance, sa vigilance, ses

1. « Trouver quelque chose d'à propos » (Littré). — 2. Ce membre de phrase doit se rattacher à *attribuer* (l. 13) dont il est complément d'objet. — 3. De n'être rien que grâce à lui. — 4. « Revenir en faveur auprès du prince » (Littré). — 5. « Société où ne sont admises que les personnes intimes » (Littré). — 6. Saint-Simon considère le siège d'une place forte comme moins dangereux ou méritoire qu'une bataille; mais un siège est aussi moins meurtrier, ce qui explique le rôle croissant d'un Vauban.

fatigues, auxquelles son corps robuste et admirablement conformé était merveilleusement propre, sans souffrir de la faim, de la soif, du froid, du chaud, de la pluie, ni d'aucun mauvais temps [1]. Il était sensible aussi à entendre admirer, le long des camps, son grand air et sa grande mine, son adresse à cheval et tous ses travaux. C'était de ses campagnes et de ses troupes qu'il entretenait le plus ses maîtresses, quelquefois ses courtisans. Il parlait bien, en bons termes, avec justesse ; il faisait un conte mieux qu'homme du monde [2], et aussi bien un récit. Ses discours les plus communs n'étaient jamais dépourvus d'une naturelle et sensible majesté.

Goût de l'accessoire Son esprit, naturellement porté au petit, se plut en toutes sortes de détails. Il entra sans cesse dans les derniers sur les troupes : habillements, armements, évolutions, exercices, discipline, en un mot, toutes sortes de bas détails. Il ne s'en occupait pas moins sur ses bâtiments, sa main [3] civile, ses extraordinaires de bouche [4] ; il croyait toujours apprendre quelque chose à ceux qui en ces genres-là en savaient le plus, qui de leur part [5] recevaient en novices des leçons qu'ils savaient par cœur il y avait longtemps. Ces pertes de temps, qui paraissaient au Roi avec tout le mérite d'une application continuelle, étaient le triomphe de ses ministres, qui, avec un peu d'art et d'expérience à le tourner, faisaient venir comme de lui ce qu'ils voulaient eux-mêmes et qui conduisaient le grand selon leurs vues et trop souvent selon leur intérêt tandis qu'ils s'applaudissaient de le voir se noyer dans ces détails.

(IV, 951-952.)

---

1. Se souvenir des portraits de Catilina par Salluste ou d'Annibal par Tite-Live. — 2. *Qu'homme* au *monde*. — 3. Ou maison : « Terme collectif désignant toutes les personnes employées au service de grands personnages » (Littré). — 4. Budget supplémentaire pour l'alimentation. — 5. De leur côté.

Le Tellier, qui fut Chancelier, avait expliqué les « coups de caveçon [1] » *par lesquels Louis XIV pensait rester le maître de ses ministres ; voici ses paroles :*

Méfiance vaine « De vingt affaires que nous portons ainsi [2] au Roi, nous sommes sûrs qu'il en passera dix-neuf à notre gré ; nous le sommes également que la vingtième sera décidée au contraire [3]. Laquelle des vingt sera décidée contre notre avis et notre désir, c'est ce que nous ignorons toujours, et très souvent c'est celle où nous nous intéressons le plus. Le Roi se réserve cette bisque [4] pour nous faire sentir qu'il est le maître et qu'il gouverne, et, si par hasard il se présente quelque chose sur quoi il s'opiniâtre, et qui soit assez importante pour que nous nous opiniâtrions aussi, ou pour la chose même, ou pour l'envie que nous avons qu'elle réussisse comme nous le désirons, c'est très souvent alors, dans le rare que cela arrive [5], une sortie [6] sûre ; mais, à la vérité, la sortie essuyée et l'affaire manquée, le Roi, content d'avoir montré que nous ne pouvons rien et peiné de nous avoir fâchés, devient après souple et flexible, en sorte que c'est alors le temps où nous faisons tout ce que nous voulons. »

C'est en effet comme le Roi se conduisit avec ses ministres toute sa vie, toujours parfaitement gouverné par eux, même par les plus jeunes et les plus médiocres, même par les moins accrédités et considérés, et toujours en garde pour ne l'être point, et toujours persuadé qu'il réussissait pleinement à ne le point être.

Il avait la même conduite avec Mme de Maintenon à qui de fois à autre il faisait des sorties terribles et dont il s'applaudissait. Quelquefois elle se mettait à pleurer devant lui, et elle était plusieurs jours sur de véritables épines.

(IV, 1045.)

1. « Demi-cercle de fer qu'on met au nez des chevaux pour les dompter par la contrainte qu'il leur cause en leur serrant les narines » (Littré). — 2. Il s'agit de recommandations et protections présentées au roi par ses ministres pour des particuliers. — 3. En sens contraire. — 4. Cet avantage. — 5. Les rares fois où *cela arrive*. — 6. « Action de dire brusquement à quelqu'un quelque chose de très dur » (Littré).

Mais Louis XIV jeune subit aussi de moins funestes influences chez la comtesse de Soissons [1].

Galanterie Ce fut dans cet important et brillant tourbillon où le Roi se jeta d'abord, et où il prit cet air de politesse et de galanterie qu'il a toujours su conserver toute sa vie, qu'il a si bien su allier avec la décence [2] et la majesté. On peut dire qu'il était fait pour elle, et que, au milieu de tous les autres hommes, sa taille, son port, les grâces, la beauté, et la grande mine qui succéda à la beauté, jusqu'au son de sa voix et à l'adresse et la grâce naturelle et majestueuse de toute sa personne, le faisaient distinguer jusqu'à sa mort comme le roi des abeilles, et que, s'il ne fût né que particulier, il aurait eu également le talent des fêtes, des plaisirs, de la galanterie, et de faire les plus grands désordres d'amour.

(IV, 942.)

Politesse Jamais personne ne donna de meilleure grâce et n'augmenta tant par là le prix de ses bienfaits ; jamais personne ne vendit mieux ses paroles, son souris [3] même, jusqu'à ses regards. Il rendit tout précieux par le choix et la majesté, à quoi la rareté et la brèveté [4] de ses paroles ajoutait beaucoup. S'il les adressait à quelqu'un, ou de question, ou de choses indifférentes, toute l'assistance le regardait ; c'était une distinction dont on s'entretenait, et qui rendait toujours une sorte de considération. Il en était de même de toutes les attentions et les distinctions et des préférences qu'il donnait dans leurs propositions. Jamais il ne lui échappa de dire rien de désobligeant à personne, et, s'il avait à reprendre [5], à réprimander ou à corriger, ce qui était fort rare, c'était toujours avec un air plus ou moins de bonté, presque jamais avec sécheresse, jamais avec colère, si on excepte l'unique aventure de Courtenvaux, qui a été racontée en son lieu [6], quoiqu'il ne fût pas exempt de colère, quelquefois avec un air de sévérité.

1. Voir p. 24, note 2. — 2. « La décence désigne ce qui est honorable... Quand on pèche contre la décence, on commet une action qui mérite un blâme moral » (Littré). — 3. Sourire. — 4. S'est dit pour « brièveté » (Littré). — 5. Censurer, critiquer. — 6. Cf. II, 516 et suiv.

Jamais homme si naturellement poli, ni d'une politesse si fort mesurée, si fort par degrés, ni qui distinguât mieux l'âge, le mérite, le rang, et dans ses réponses, quand elles passaient[1] le « Je verrai », et dans ses manières. Ces étages divers se marquaient exactement dans sa manière de saluer et de recevoir les révérences, lorsqu'on partait ou qu'on arrivait. Il était admirable à recevoir différemment les saluts à la tête des lignes à l'armée ou aux revues. Mais surtout pour les femmes rien n'était pareil. Jamais il n'a passé devant la moindre coiffe sans soulever son chapeau, je dis[2] aux femmes de chambre, et qu'il connaissait pour telles, comme cela arrivait souvent à Marly. Aux dames, il ôtait son chapeau tout à fait, mais de plus ou moins loin ; aux gens titrés, à demi, et le tenait en l'air ou à son oreille quelques instants plus ou moins marqués ; aux seigneurs, mais qui l'étaient, il se contentait de mettre la main au chapeau ; il l'ôtait comme aux dames pour les princes du sang ; s'il abordait des dames, il ne se couvrait qu'après les avoir quittées. Tout cela n'était que dehors ; car dans la maison il n'était jamais couvert. Ses révérences, plus ou moins marquées, mais toujours légères, avaient une grâce et une majesté incomparables, jusqu'à sa manière de se soulever à demi à son souper pour chaque dame assise [3] qui arrivait, non pour aucune autre, ni pour les princes du sang ; mais sur les fins cela le fatiguait, quoiqu'il ne l'ait jamais cessé, et les dames assises évitaient d'entrer à son souper quand il était commencé. C'était encore avec la même distinction[4] qu'il recevait le service de Monsieur, de M. le duc d'Orléans, des princes du sang ; à ces derniers, il ne faisait que marquer[5], à Monseigneur de même et à Messeigneurs ses fils, par familiarité ; des grands officiers, avec un air de bonté et d'attention. Si on lui faisait attendre quelque chose à son habiller, c'était toujours avec patience. Exact aux heures qu'il donnait pour toute sa journée ; une précision nette et courte dans ses ordres.

(IV, 1001-1002.)

1. Dépassaient. — 2. Même. — 3. Duchesse qui pouvait, par droit du tabouret, s'asseoir à cette table (ou au cercle de la reine) sur un tabouret (ou un pliant). — 4. Marque spéciale. — 5. *Marquer* : « Ne faire qu'indiquer quelque chose sans l'effectuer complètement » (Littré).

Magnificence Rien n'était pareil à lui aux revues, aux fêtes, et partout où un air de galanterie pouvait avoir lieu par la présence des dames. On l'a déjà dit, il l'avait puisée à la cour de la Reine sa mère et chez la comtesse de Soissons ; la compagnie de ses maîtresses l'y avait accoutumé de plus en plus ; mais toujours majestueuse quoique quelquefois avec de la gaieté, et jamais devant le monde rien de déplacé ni d'hasardé mais jusqu'au moindre geste, son marcher, son port, toute sa contenance, tout mesuré, tout décent [1], noble, grand, majestueux, et toutefois très naturel, à quoi l'habitude et l'avantage incomparable et unique de toute sa figure donnait une grande facilité. Aussi, dans les choses sérieuses, les audiences d'ambassadeurs, les cérémonies, jamais homme n'a tant imposé, et il fallait commencer par s'accoutumer à le voir, si en le haranguant on ne voulait s'exposer à demeurer court. Ses réponses en ces occasions étaient toujours courtes, justes, pleines, et très rarement sans quelque chose d'obligeant, quelquefois même de flatteur, quand le discours le méritait. Le respect aussi qu'apportait sa présence, en quelque lieu qu'il fût, imposait un silence, et jusqu'à une sorte de frayeur.

Il aimait fort l'air et les exercices, tant qu'il en put faire. Il avait excellé à la danse, au mail [2], à la paume. Il était encore admirable à cheval à son âge. Il aimait à voir faire toutes ces choses avec grâce et adresse. S'en bien ou mal acquitter devant lui était mérite ou démérite. Il disait que, de ces choses qui n'étaient point nécessaires, il ne s'en fallait pas mêler si on ne les faisait pas bien. Il aimait fort à tirer, et il n'y avait point de si bon tireur que lui, ni avec tant de grâces. Il voulait des chiennes couchantes excellentes ; il en avait toujours sept ou huit dans ses cabinets, et se plaisait à leur donner lui-même à manger pour s'en faire connaître. Il aimait fort aussi à courre le cerf, mais en calèche, depuis qu'il s'était cassé le bras en courant à Fontainebleau, aussitôt après la mort de la Reine [3]. Il était seul

1. Conforme à l'honneur et à la morale. — 2. « Jeu où l'on faisait usage du mail..., masse de bois fort dur et ferré, avec un manche long et pliant..., en poussant une boule de buis » (Littré). — 3. En 1683.

dans une manière de soufflet [1], tiré par quatre petits chevaux, à cinq ou six relais, et il menait lui-même à toute bride, avec une adresse et une justesse que n'avaient pas les meilleurs cochers, et toujours la même grâce à tout ce qu'il faisait. Ses postillons étaient des enfants depuis neuf ou dix ans jusqu'à quinze, et il les dirigeait.

Il aima en tout la splendeur, la magnificence, la profusion. Ce goût il le tourna en maxime par politique, et l'inspira en tout à sa cour. C'était lui plaire que de s'y jeter en tables, en habits, en équipages, en bâtiments, en jeu. C'étaient des occasions pour qu'il parlât aux gens. Le fond était qu'il tendait et parvint par là à épuiser tout le monde en mettant le luxe en honneur, et pour certaines parties en nécessité, et réduisit ainsi peu à peu tout le monde à dépendre entièrement de ses bienfaits pour subsister. Il y trouvait encore la satisfaction de son orgueil par une cour superbe en tout, et par une plus grande confusion [2] qui anéantissait de plus en plus les distinctions naturelles.

(IV, 1003-1004.)

Toutefois ces mérites mêmes n'allaient pas sans défauts.

Égoïsme C'était un homme uniquement personnel [3], et qui ne comptait tous les autres, quels qu'ils fussent, que par rapport à soi. Sa dureté là-dessus était extrême. Dans les temps les plus vifs de sa vie pour ses maîtresses, leurs incommodités les plus opposées aux voyages et au grand habit de cour, car les dames les plus privilégiées ne paraissaient jamais autrement dans les carrosses ni en aucun lieu de cour, avant que Marly eût adouci cette étiquette, rien, dis-je, ne les en pouvait dispenser. Grosses, malades, moins de six semaines après leurs couches, dans d'autres temps fâcheux, il fallait être en grand habit, parées et serrées dans leurs corps [4], aller en Flandres et plus loin encore, danser, veiller, être des fêtes, manger, être

1. « Ancienne espèce de voiture à deux roues, fort légère, où il n'y avait place que pour une ou deux personnes » (Littré). — 2. « État de ce qui est confondu, pêle-mêle, indistinct » (Littré). — 3. « Qui est plein d'attachement à sa propre personne » (Littré). — 4. Cf. corsage, corset.

gaies et de bonne compagnie, changer de lieu, ne paraître craindre ni être incommodées du chaud, du froid, de l'air, de la poussière, et tout cela précisément aux jours et aux heures marquées, sans déranger rien d'une minute. Ses filles, il les a traitées toutes pareillement. On a vu en son temps qu'il n'eut pas plus de ménagement pour Mme la duchesse de Berry, ni même pour Mme la duchesse de Bourgogne, quoi que Fagon [1], Mme de Maintenon, etc., pussent dire et faire, quoiqu'il aimât Mme la duchesse de Bourgogne aussi tendrement qu'il en était capable, qui toutes les deux s'en blessèrent [2], et ce qu'il en dit avec soulagement, quoiqu'il n'y eût point encore d'enfants [3].

Il voyageait toujours son carrosse plein de femmes : ses maîtresses, après ses bâtardes, ses belles-filles, quelquefois Madame, et des dames quand il y avait place. Ce n'était que pour les rendez-vous de chasse, les voyages de Fontainebleau, de Chantilly, de Compiègne, et les vrais voyages, que cela était ainsi. Pour aller tirer, se promener, ou pour aller coucher à Marly ou à Meudon, il allait seul dans une calèche. Il se défiait des conversations que ses grands officiers auraient pu tenir devant lui dans son carrosse, et on prétendait que le vieux Charost, qui prenait volontiers ces temps-là pour dire bien des choses, lui avait fait prendre [4] ce parti, il y avait plus de quarante ans. Il convenait aussi aux ministres, qui sans cela auraient eu de quoi être inquiets tous les jours, et à la clôture [5] exacte qu'en leur faveur lui-même s'était prescrite, et à laquelle il fut si exactement fidèle. Pour les femmes, ou maîtresses d'abord, ou filles ensuite, et le peu de dames qui pouvaient y trouver place, outre que cela ne se pouvait empêcher, les occasions en étaient restreintes à une grande rareté, et le babil fort peu à craindre. Dans ce carrosse, lors des voyages, il y avait toujours beaucoup de toutes sortes de choses à manger : viandes, pâtisseries, fruits. On n'avait pas sitôt fait un quart de lieue que le Roi demandait si on ne voulait

1. Médecin du Roi. — 2. Se blesser : « Faire une fausse couche » (Littré). — 3. Cf. l'anecdote contée par Saint-Simon (II, 1007-1008). — 4. Avait été la cause occasionnelle, mais non volontaire, de cette décision. — 5. « Secret, réserve, habileté à se taire » (Littré).

pas manger. Lui jamais ne goûtait à rien entre ses repas, non pas même à aucun fruit ; mais il s'amusait à voir manger, et manger à crever. Il fallait avoir faim, être gaies, et manger avec appétit et de bonne grâce ; autrement il ne le trouvait pas bon, et le montrait même aigrement : on faisait la mignonne, on voulait faire la délicate, être du bel air [1] ; et cela n'empêchait pas que les mêmes dames ou princesses qui soupaient avec d'autres à sa table le même jour, ne fussent obligées, sous les mêmes peines, d'y faire aussi bonne contenance que si elles n'avaient mangé de la journée.

(IV, 1045-1047.)

Goût discutable Saint-Germain [2], lieu unique pour rassembler les merveilles de la vue, l'immense plain pied d'une forêt toute joignante, unique encore par la beauté de ses arbres, de son terrain, de sa situation, l'avantage et la facilité des eaux de source sur cette élévation, les agréments admirables des jardins, des hauteurs et des terrasses, qui les unes sur les autres se pouvaient si aisément conduire dans toute l'étendue qu'on aurait voulu, les charmes et les commodités de la Seine, enfin une ville toute faite, et que sa position entretenait par elle-même, il l'abandonna pour Versailles, le plus triste et le plus ingrat de tous les lieux, sans vue, sans bois, sans eau, sans terre, parce que tout y est sable mouvant ou marécage, sans air par conséquent, qui n'y peut être bon. Il se plut à tyranniser la nature, à la dompter à force d'art [3] et de trésors. Il y bâtit tout l'un après l'autre, sans dessein général ; le beau et le vilain furent cousus ensemble, le vaste et l'étranglé. Son appartement et celui de la Reine y ont les dernières incommodités, avec les vues de cabinets [4] et de tout ce qui est derrière les plus obscures, les plus enfermées, les plus puantes. Les jardins, dont la magnificence étonne, mais dont le plus léger usage rebute, sont d'aussi mauvais goût. On n'y est conduit dans la fraîcheur de l'ombre que par une vaste zone torride, au bout de laquelle il n'y a plus, où

1. Phrases au style indirect libre (sous-entendu : il disait que). — 2. En Laye. — 3. Adresse dans les moyens. — 4. Pièces de travail.

que ce soit, qu'à monter et à descendre ; et avec la colline, qui est fort courte, se terminent les jardins. La recoupe [1] y brûle les pieds ; mais, sans cette recoupe, on y enfoncerait ici dans les sables, et là dans la plus noire fange. La violence qui y a été faite partout à la nature repousse et dégoûte malgré soi. L'abondance des eaux forcées et ramassées de toutes parts les rend vertes, épaisses, bourbeuses ; elles répandent une humidité malsaine et sensible, une odeur qui l'est encore plus. Leurs effets, qu'il faut pourtant beaucoup ménager [2], sont incomparables ; mais de ce tout il résulte qu'on admire et qu'on fuit. Du côté de la cour, l'étranglé suffoque, et ces vastes ailes s'enfuient sans tenir à rien.

Du côté des jardins, on jouit de la beauté du tout ensemble ; mais on croit voir un palais qui a été brûlé, où le dernier étage et les toits manquent encore. La chapelle qui l'écrase, parce que Mansart voulait engager le Roi à élever le tout d'un étage, a de partout la triste représentation d'un immense catafalque. La main-d'œuvre y [3] est exquise en tous genres, l'ordonnance nulle ; tout y a été fait pour la tribune, parce que le Roi n'allait guères en bas, et celles des côtés sont inacces-

---

- **La psychologie du Roi**

① Expliquer son *soulagement* (p. 33, l. 26), côté paradoxal, ainsi que sa volonté de voir manger les autres. Noter son goût du secret, en chercher la cause (pouvoir absolu) et l'effet (ici, précaution inutile) et comparer avec la page 28.

- **La digression**

② Montrer le caractère digressif de ce goût du secret dans notre texte et conclure sur un aspect de Saint-Simon écrivain (p. 33).

- **Le style**

③ Relever les divers effets du style énumératif et noter le recours au style indirect libre en indiquant son lieu et sa cause (pp. 32-34).

---

1. « Éclats de pierre dont on se sert quelquefois pour affermir les allées des jardins » (Littré). — 2. « Économiser, épargner » (Littré). — 3. A la chapelle.

sibles par l'unique défilé qui conduit à chacune. On ne finirait point sur les défauts monstrueux d'un palais si immense et si immensément cher, avec ses accompagnements, qui le sont encore davantage : orangerie, potagers, chenils, grande et petite écuries pareilles, commun[1] prodigieux ; enfin une ville entière où il n'y avait qu'un très misérable cabaret, un moulin à vent, et ce petit château de carte que Louis XIII y avait fait pour n'y plus coucher sur la paille, qui n'était que la contenance étroite et basse autour de la cour de Marbre, qui en faisait la cour, et dont le bâtiment du fonds n'avait que deux courtes et petites ailes. Mon père l'a vu, et y a couché maintes fois. Encore ce Versailles de Louis XIV, ce chef-d'œuvre si ruineux et de si mauvais goût, et où les changements entiers des bassins et de bosquets ont enterré tant d'or qui ne peut paraître, n'a-t-il pu être achevé ; parmi tant de salons entassés l'un sur l'autre, il n'y a ni salle de comédie, ni salle à banquets, ni de bal, et devant et derrière il reste beaucoup à faire. Les parcs et les avenues, tous en plants, ne peuvent venir. En gibier, il faut y en jeter sans cesse ; en rigoles de quatre et cinq lieues de cours, elles sont sans nombre ; en murailles enfin, qui par leur immense contour enferment comme une petite province du plus triste et du plus vilain pays du monde.

(IV, 1005-1007.)

Bilan du règne On l'a vu grand, riche, conquérant, arbitre de l'Europe, redouté, admiré, tant qu'ont duré les ministres et les capitaines qui ont véritablement mérité ce nom. A leur fin, la machine a roulé quelque temps encore, d'impulsion et sur leur compte. Mais, tôt après, le tuf[2] s'est montré ; les fautes, les erreurs se sont multipliées ; la décadence est arrivée à grands pas, sans toutefois ouvrir les yeux à ce maître despotique si jaloux de tout faire et de tout diriger par lui-même et qui semblait se dédommager des mépris du dehors par le tremblement que sa terreur[3] redoublait au dedans.

1. « Offices [lieux où l'on prépare, où l'on garde les diverses choses nécessaires pour le service de la table] destinés à la nourriture... des officiers du Roi » (Littré). — 2. Étendue de pierres poreuses sous-jacente à la couche de bonne terre franche. — 3. Possessif objectif : la terreur qu'il inspirait.

Prince heureux s'il en fut jamais, en figure unique, en force corporelle, en santé égale et ferme, et presque jamais interrompue, en siècle si fécond et si libéral[1] pour lui en tous genres qu'il a pu en ce sens être comparé au siècle d'Auguste ; en sujets adorateurs prodiguant leurs biens, leur sang, leurs talents, la plupart jusqu'à leur réputation, quelques-uns même leur honneur, et beaucoup trop leur conscience et leur religion, pour le servir, souvent même seulement pour lui plaire. Heureux surtout en famille, s'il n'en avait eu que de légitime ; en mère[2] contente des respects et d'un certain crédit ; en frère[3] dont la vie anéantie[4] par de déplorables goûts, et d'ailleurs futile par elle-même, se noyait dans la bagatelle, se contentait d'argent, se retenait par sa propre crainte et par celle de ses favoris, et n'était guères moins bas courtisan que ceux qui voulaient faire leur fortune ; une épouse[5] vertueuse, amoureuse de lui, infatigablement patiente, devenue véritablement française, d'ailleurs absolument incapable ; un fils unique[6] toute sa vie à la lisière, qui à cinquante ans ne savait encore que gémir sous le poids de la contrainte et du discrédit, qui, environné et éclairé[7] de toutes parts, n'osait que ce qui lui était permis, et qui, absorbé dans la matière, ne pouvait

---

- **Les deux châteaux** (pp. 34-36)

① La primauté du concret : montrer que, grâce à lui, la justesse se mêle aux préjugés de l'auteur et les nuance.

② La partialité : la déceler dans une préférence paradoxale pour nous comme pour les XVIIe et XVIIIe siècles, et dans l'explication apportée à celle de Louis XIV pour ses créations artificielles.

③ La souplesse de l'expression : noter que la confrontation des deux châteaux se fait sans parallélisme de détail et que le style varie avec son objet (dense sur *l'étranglé...*, et léger sur les *ailes* du château, p. 35, l. 39).

④ Les formules : tantôt difficiles (expliquer *tant d'or qui ne peut paraître*, p. 36, l. 65), tantôt brillantes; préciser ces aspects.

---

1. « Qui aime donner » (Littré). — 2. Anne d'Autriche. — 3. Monsieur. — 4. Réduite à rien, gâchée. — 5. Marie-Thérèse d'Espagne. — 6. Monseigneur le Grand Dauphin. — 7. Espionné.

causer la plus légère inquiétude ; en petits-fils dont l'âge et l'exemple du père, les brassières dans lesquelles ils étaient scellés, rassuraient contre les grands talents de l'aîné [1], sur la grandeur du second [2] qui de son trône reçut toujours la loi de son aïeul dans une soumission parfaite, et sur les fougues de l'enfance du troisième [3] qui ne tinrent rien de ce dont elles avaient inquiété ; un neveu [4] qui, avec des pointes de débauches, tremblait devant lui, en qui son esprit, ses talents, ses velléités légères et les fous propos de quelques débordés qu'il ramassait, disparaissaient au moindre mot, souvent au moindre regard ; descendant plus bas, des princes du sang de même trempe, à commencer par le grand Condé [5], devenu la frayeur et la bassesse même, jusque devant les ministres, depuis son retour à la paix des Pyrénées ; Monsieur le Prince [6] son fils, le plus vil et le plus prostitué de tous les courtisans ; Monsieur le Duc [7] avec un courage plus élevé, mais farouche, féroce, par cela même le plus hors de mesure de pouvoir se faire craindre, et avec ce caractère, aussi timide que pas un des siens à l'égard du Roi et du gouvernement ; des deux princes de Conti [8] si aimables, l'aîné mort si tôt, l'autre, avec tout son esprit, sa valeur, ses grâces, son savoir, le cri public en sa faveur jusqu'au milieu de la cour, mourant de peur de tout, accablé sous la haine du Roi, dont les dégoûts [9] lui coûtèrent enfin la vie ; les plus grands seigneurs lassés et ruinés des longs troubles, et assujettis par nécessité ; leurs successeurs séparés, désunis, livrés à l'ignorance, au frivole, aux plaisirs, aux folles dépenses, et pour ceux qui pensaient le moins mal, à la fortune [10], et dès lors à la servitude et à l'unique ambition de la cour ; des parlements subjugués à coups redoublés, appauvris, peu à peu l'ancienne magistrature éteinte avec la doctrine et la sévérité des mœurs, farcis en la place d'enfants [11] de gens d'affaires, de sots du bel air, ou d'ignorants pédants, avares, usuriers, aimant le

1. Duc de Bourgogne. — 2. Duc d'Anjou, devenu Philippe V d'Espagne. — 3. Duc de Berry. — 4. Duc d'Orléans, plus tard Régent. — 5. Vainqueur de Rocroi (1621-1686). — 6. De Condé (1643-1709). — 7. D'Enghien (1668-1710) fils du précédent. — 8. Louis-Armand (1661-1686) et son cadet François (1664-1709). — 9. « Déplaisirs » (Littré). — 10. Situation. — 11. Remplacés par des enfants...

sac[1], souvent vendeurs de la justice, et de quelques chefs glorieux jusqu'à l'insolence, d'ailleurs[2] vuides de tout ; nul corps[3] ensemble, et par laps de temps, presque personne qui osât même à part soi avoir aucun dessein, beaucoup moins s'en ouvrir à qui que ce soit ; enfin jusqu'à la division des familles les plus proches parmi les considérables, l'entière méconnaissance des parents et des parentés, si ce n'est à porter les deuils les plus éloignés, peu à peu tous les devoirs absorbés par un seul que la nécessité fit, qui fut de craindre et de tâcher à plaire. De là cette intérieure tranquillité, jamais troublée que par la folie momentanée du chevalier de Rohan[4], frère du père de M. de Soubise, qui la paya incontinent de sa tête, et par ce mouvement des Fanatiques des Cévennes[5] qui inquiéta plus qu'il ne valut, dura peu et fut sans aucune suite, quoique arrivé en pleine et fâcheuse guerre contre toute l'Europe.

De là cette autorité sans bornes qui put tout [ce] qu'elle voulut, et qui trop souvent [voulut] tout ce

---

• **Bilan du règne**

① Une psychologie difficile : se demander dans quelle perspective on peut trouver le Roi *heureux en famille* (p. 37, l. 22) avec un frère *anéanti* (l. 24), une épouse *incapable* (l. 32), un fils *à la lisière* (l. 32), etc.

② La critique indirecte : montrer que les bonheurs du Roi coïncident avec l'affaiblissement de corps intermédiaires que l'auteur juge nécessaires. Examiner comment ce dernier amoindrit les obstacles surmontés par le Roi, afin de diminuer son mérite.

③ Dans la grande phrase : *Heureux surtout...* (p. 37, l. 22 à p. 39, l. 84), chercher le moteur qui permet ce vaste déroulement, malgré deux ruptures de construction : *une épouse...* (p. 37, l. 29) et *nul corps ensemble...* (p. 39, l. 76).

---

1. L'argent. — 2. Par ailleurs. — 3. « Compagnie qui, réunie par un certain lien, a une existence et une fonction dans l'État ou dans l'Église » (Littré). — 4. Louis de Rohan, en fait fils du *frère* aîné *du père de M. de Soubise*, et décapité pour lèse-majesté le 17 novembre 1674. — 5. Soulevés en 1703 à la suite des persécutions entraînées par la Révocation de l'Édit de Nantes; « on leur avait donné ce nom, parce que chaque troupe de ces protestants révoltés avait avec eux quelque prétendu prophète ou prophétesse » (Saint-Simon).

qu'elle put, et qui ne trouva jamais la plus légère résistance, si on excepte des apparences plutôt que des réalités sur des matières de Rome, et en dernier lieu sur la Constitution [1]. C'est là ce qui s'appelle vivre et régner ; mais il faut convenir en même temps que, en glissant sur la conduite du cabinet [2] et des armées, jamais prince ne posséda l'art de régner à un si haut point. L'ancienne cour de la Reine sa mère, qui excellait à la savoir tenir, lui avait imprimé une politesse distinguée, une gravité jusque dans l'air de galanterie, une dignité, une majesté partout, qu'il sut maintenir toute sa vie, et lors même que, vers sa fin, il abandonna la cour à ses propres débris.

(IV, 979-982.)

Dernières années Telles furent les longues et cruelles circonstances des plus douloureux malheurs qui éprouvèrent la constance du Roi, et qui rendirent toutefois un service à sa renommée plus solide que n'avait pu faire tout l'éclat de ses conquêtes ni la longue suite de ses prospérités. La grandeur d'âme que montra constamment dans de tels et si longs revers, parmi de si sensibles secousses domestiques [3], ce roi si accoutumé au plus grand et au plus satisfaisant empire domestique [4], aux plus grands succès au dehors, se vit enfin abandonné de toutes parts par la fortune. Accablé au dehors par des ennemis irrités, qui se jouaient de son impuissance qu'ils voyaient sans ressource, et qui insultaient à sa gloire passée, il se trouvait sans secours, sans ministres, sans généraux, pour les avoir faits et soutenus par goût et par fantaisie, et par le fatal orgueil de les avoir voulu et cru former lui-même. Déchiré au dedans par les catastrophes les plus intimes et les plus poignantes, sans consolation de personne, en proie à sa propre faiblesse ; réduit à lutter seul contre les horreurs mille fois plus affreuses que ses plus sensibles malheurs, qui lui étaient sans cesse présentées par ce qui lui restait de plus cher et de plus intime [5] et

1. Ensemble de mesures (liées à l'application de la Bulle *Unigenitus*) contre les jansénistes. — 2. « Conseil où se traitent les affaires générales de l'État » (Littré). — 3. Nationales. — 4. Intérieur. — 5. Allusion à Mme de Maintenon et au duc du Maine.

qui abusait ouvertement, et sans aucun frein, de la dépendance où il s'était laissé tomber, et dont il ne pouvait et ne voulait pas même se relever, quoiqu'il en sentît tout le poids ; incapable d'ailleurs et par un goût invinciblement dominant, et par une habitude tournée en nature, de faire aucune réflexion sur l'intérêt et la conduite de ses geôliers ; au milieu de ces fers domestiques [1], cette constance, cette fermeté d'âme, cette égalité [2] extérieure, ce soin toujours le même de tenir tant qu'il pouvait le timon, cette espérance contre toute espérance, par courage, par sagesse, non par aveuglement, ces dehors du même roi en toutes choses, c'est ce dont peu d'hommes auraient été capables ; c'est ce qui aurait pu lui mériter le nom de *grand*, qui lui avait été si prématuré. Ce fut aussi ce qui lui acquit la véritable admiration de toute d'Europe, celle de ceux de ses sujets qui en furent témoins, et ce qui lui ramena tant de cœurs qu'un règne si long et si dur lui avait aliénés. Il sut s'humilier en secret sous la main de Dieu, en reconnaître la justice, en implorer la miséricorde, sans avilir aux yeux des hommes sa personne ni sa couronne ; il les toucha au contraire par le sentiment de sa magnanimité. Heureux si, en adorant la main qui le frappait, en recevant ses coups avec une dignité qui honorait sa soumission d'une manière si singulièrement illustre, il eût porté les yeux sur des motifs et palpables et encore réparables [3], et qui frappaient tous autres [4] que les siens, au lieu qu'il ne considéra que ceux [5] qui n'avaient plus de remèdes que [6] l'aveu, la douleur, l'inutile repentir ! [...]

Quel contraste de force et de grandeur supérieure à tous les désastres, et de petitesse et de faiblesse sous un domestique [7] honteux, ténébreux, tyrannique ! Eh ! quelle vérification puissante de ce que le Saint-Esprit a déclaré, dans les livres sapientiaux de l'Ancien Testament, du sort de ceux qui se sont livrés à l'amour et à l'empire des femmes ! Quelle fin d'un règne si longuement admiré, et jusque dans ses derniers revers si

1. Familiaux. — 2. D'âme. — 3. Parmi ses fautes frappées du châtiment divin, celles du présent, modifiables, non celles du passé, irréparables. — 4. Yeux. — 5. Motifs du châtiment divin. — 6. Sinon. — 7. « Intérieur d'un ménage » (Littré).

étincelant de grandeur, de générosité, de courage, et de force ! et quel abîme de faiblesse, de misère, de honte, d'anéantissement, sentie, goûtée, savourée, abhorrée, et toutefois subie dans toute son étendue, et sans en avoir pu élargir ni soulager les liens ! O Nabuchodonosor ! qui pourra sonder les jugements de Dieu, et qui osera ne pas s'anéantir en leur présence ?

(IV, 1064-1066.)

Derniers jours Que dire après cela de la fermeté constante et tranquille qui se fit admirer dans le Roi en cette extrémité de sa vie ? car il est vrai qu'en la quittant il n'en regretta rien, et que l'égalité de son âme fut toujours à l'épreuve de la plus légère impatience, qu'il ne s'importuna d'aucun ordre à donner, qu'il vit, qu'il parla, qu'il régla, qu'il prévit tout pour après lui, dans la même assiette que tout homme en bonne santé et très libre d'esprit aurait pu faire ; que tout se passa jusqu'au bout avec cette décence extérieure, cette gravité, cette majesté qui avait accompagné toutes les actions de sa vie ; qu'il y surnagea un naturel, un air de vérité et de simplicité qui bannit jusqu'aux plus légers soupçons de représentation et de comédie. De temps en temps, dès qu'il était libre et dans les derniers[1] qu'il avait banni toute affaire et tous autres soins, il était uniquement occupé de Dieu, de son salut, de son néant, jusqu'à lui être échappé[2] quelquefois de dire : *Du temps que j'étais roi*. Absorbé d'avance en ce grand avenir où il se voyait si près d'entrer, avec un détachement sans regret, avec une humilité sans bassesse, avec un mépris de tout ce qui n'était plus pour lui[3], avec une bonté et une possession de son âme qui consolait ses valets intérieurs qu'il voyait pleurer, il forma le spectacle le plus touchant, et ce qui le rendit admirable, c'est qu'il se soutint[4] toujours tout entier et toujours le même : sentiment de ses péchés sans la moindre terreur, confiance en Dieu, le dira-t-on ? toute entière, sans doute[5], sans inquiétude, mais fondée sur

1. *Dans les derniers* temps où... — 2. Au point qu'il lui était *échappé*... — 3. A ses yeux. — 4. Fut égal à lui-même. — 5. *Sans* avoir de *doute*.

sa miséricorde et sur le sang de Jésus-Christ, résignation pareille sur son état personnel, sur sa durée, et regrettant de ne pas souffrir. Qui n'admirera une fin si supérieure, et en même temps si chrétienne ? mais qui n'en frémira ? Rien de plus simple ni de plus court que son adieu à sa famille, ni de plus humble, sans rien perdre de la majesté, que son adieu aux courtisans, plus tendre encore que l'autre. Ce qu'il dit au Roi futur a mérité d'être recueilli, mais affiché [1] depuis avec trop de restes de flatterie, dont le maréchal de Villeroy donna l'exemple en le mettant à la ruelle de son lit, comme il avait toujours dans sa chambre à l'armée un portrait du Roi tendu sous un dais, et comme il pleurait toujours vis-à-vis du Roi aux compliments que les prédicateurs lui faisaient en chaire. Le Roi, parlant à son successeur de ses bâtiments et de ses guerres, omit son luxe et ses profusions ; il se garda bien de lui rien toucher de ses funestes amours, article plus en sa place alors que tous les autres ; mais comment en parler devant ses bâtards, et en consommant [2] leur épouvantable grandeur par les derniers actes de sa vie ? Jusque-là, si on excepte cette étrange omission et sa cause plus terrible encore, rien que de digne d'admiration, et d'une élévation véritablement chrétienne et royale.

(IV, 1072-1073.)

- **La Cour : Louis XIV** (pp. 19-43)

  Étudier :

  La réduction du « mythe » de Louis XIV, soit brutale, soit indirecte;
  l'influence des préjugés de l'auteur et son désir de véracité;
  l'analyse psychologique dense, fine, nuancée;
  le jugement, accusé par recours au contraste et à l'hyperbole;
  l'esthétique tantôt classique, tantôt baroque de l'auteur;
  la marche du portrait (mort, récapitulation, bilan);
  la variété du style (oratoire, énumératif, expressif, etc.).

---

1. Tour elliptique pour : *mais* cela a été *affiché*. — 2. En portant à son plus haut point.

2 *MONSIEUR, frère du Roi (1640-1701)*

Époux en premières noces d'Henriette d'Angleterre (dont Bossuet fit l'oraison funèbre que l'on sait), il épousa en secondes noces la Palatine de Bavière, qui lui donna un fils, le duc d'Orléans.

C'était un petit homme ventru monté sur des échasses tant ses souliers étaient hauts, toujours paré comme une femme, plein de bagues, de bracelets, de pierreries partout, avec une longue perruque toute étalée en devant, noire et poudrée, et des rubans partout où il en pouvait mettre, plein de toutes sortes de parfums, et, en toutes choses, la propreté [1] même. On l'accusait de mettre imperceptiblement du rouge. Le nez fort long, la bouche et les yeux beaux, le visage plein, mais fort long. Tous ses portraits lui ressemblent. J'étais piqué, à le voir, qu'il fît souvenir qu'il était fils de Louis XIII à ceux de ce grand prince, duquel, à la valeur [2] près, il était si complètement dissemblable.

(I, 917.)

Du reste, Monsieur, qui, avec beaucoup de valeur [2], avait gagné la bataille de Cassel, et qui en avait toujours montré une fort naturelle en tous les sièges où il s'était trouvé, n'avait d'ailleurs que les mauvaises qualités des femmes. Avec plus de monde [3] que d'esprit, et nulle lecture, quoique avec une connaissance étendue et juste des maisons [4], des naissances et des alliances [5], il n'était capable de rien. Personne de si mou de corps et d'esprit, de plus faible, de plus timide, de plus trompé, de plus gouverné, ni de plus méprisé par ses favoris, et très souvent de plus malmené par eux ; tracassier, et incapable de garder aucun secret, soupçonneux, défiant, semant des noises dans sa cour pour

1. Manière convenable de s'habiller. — 2. « Courage à la guerre, au combat » (Littré). — 3. Savoir-vivre, connaissance des usages de la société distinguée. — 4. Familles nobles. — 5. Liens de famille par les mariages.

brouiller, pour savoir, souvent aussi pour s'amuser, et redisant des uns aux autres.

(I, 914.)

Madame (1652-1722) Madame [1] était une princesse de l'ancien temps, attachée à l'honneur, à la vertu, au rang, à la grandeur, inexorable sur les bienséances. Elle ne manquait point d'esprit, et ce qu'elle voyait elle le voyait très bien. Bonne et fidèle amie, sûre, vraie, droite, aisée à prévenir [2] et à choquer, fort difficile à ramener [3] ; grossière, dangereuse à faire des sorties [4] publiques, fort Allemande dans toutes ses mœurs, et franche, ignorant toute commodité et toute délicatesse pour soi et pour les autres, sobre, sauvage [5] et ayant ses fantaisies. Elle aimait les chiens et les chevaux, passionnément la chasse et les spectacles, n'était jamais qu'en grand habit, ou en perruque d'homme et en habit de cheval, et avait plus de soixante ans que, saine ou malade [6], et elle ne l'était guères, elle n'avait pas connu une robe de chambre.

- **Monsieur**

① Étudier la marche du portrait physique : du trait frappant au détail; et la sinuosité du portrait moral, avec la succession de ses effets sur le lecteur.

② Le contraste : opposer l'efféminement physique et moral de Monsieur (cf. l'*Iphis* de La Bruyère) à la carrure de Madame.

- **Madame**

③ Préciser par quels traits elle appelle la sympathie du lecteur et par quels traits celle de l'auteur.

④ Psycho-physiologie : montrer que, chez Monsieur et Madame, le physique et le moral forment une étoffe sans couture (notion répandue au XVIIIe siècle).

⑤ Le style adapté : analyser son énergie quand il s'agit de Madame.

---

1. La Palatine de Bavière, seconde épouse de Monsieur. — 2. « Faire naître d'avance dans l'esprit des sentiments favorables ou défavorables » (Littré). — 3. « Faire reprendre de bons sentiments pour quelqu'un (Littré). — 4. Scènes, algarades. — 5. « Qui a quelque chose de rude » (Littré). — 6. Ces épithètes se rapportent à *elle* (l. 16).

Elle aimait passionnément Monsieur son fils [1], on peut dire follement le duc de Lorraine et ses enfants, parce que cela avait trait à l'Allemagne [2], et singulièrement sa nation et tous ses parents, qu'elle n'avait jamais vus. On a vu [3], à l'occasion de la mort de Monsieur, qu'elle passait sa vie à leur écrire et ce qu'il lui en pensa coûter. Elle s'était à la fin apprivoisée, non avec la naissance de Madame sa belle-fille [4], mais avec sa personne, qu'elle traitait fort bien dès avant le renvoi de Mme d'Argenton [5] ; elle estimait, elle plaignait, elle aimait presque Mme la duchesse d'Orléans. Elle blâmait fort la vie désordonnée que M. le duc d'Orléans avait menée ; elle était suprêmement indignée de celle de Mme la duchesse de Berry [6], et s'en ouvrait quelquefois avec la dernière amertume et toute confiance à Mme de Saint-Simon, qui, dès les premiers temps qu'elle fut à la cour, avait trouvé grâce dans son estime et dans son amitié, qui demeurèrent constantes.

(IV, 728.)

1. Le duc d'Orléans, futur Régent. — 2. La Lorraine était alors principauté germanique. — 3. Cf. I, 917 et suiv. — 4. La duchesse d'Orléans était une bâtarde de Louis XIV et de Mme de Montespan. — 5. Maîtresse du duc d'Orléans, qui rompit avec elle en 1709 à l'instigation de Saint-Simon. — 6. Sa petite-fille.

Le château de Saint-Germain-en-Laye. Gravure de Perelle
Saint-Simon préférait Saint-Germain à Versailles (voir page 34)

3 *LE DUC D'ORLÉANS (1674-1723)*

Époux de Mlle de Blois, (bâtarde de Louis XIV et de Mme de Montespan), père de Mlle de Valois qui épousa le duc de Berry, Philippe d'Orléans fut Régent pendant la minorité de Louis XV.

Qualités innées M. le duc d'Orléans était de taille médiocre [1] au plus, fort plein sans être gros, l'air et le port aisé et fort noble, le visage large, agréable, fort haut en couleur, le poil noir et la perruque de même. Quoiqu'il eût fort mal dansé, et médiocrement réussi à l'académie [2], il avait dans le visage, dans le geste, dans toutes ses manières une grâce infinie, et si naturelle qu'elle ornait jusqu'à ses moindres actions et les plus communes. Avec beaucoup d'aisance quand rien ne le contraignait, il était doux, accueillant, ouvert, d'un accès facile et charmant, le son de la voix agréable, et un don de la parole qui lui était tout particulier en quelque genre que ce pût être, avec une facilité et une netteté que rien ne surprenait, et qui surprenait toujours. Son éloquence était naturelle jusque dans les discours les plus communs et les plus journaliers, dont la justesse était égale sur les sciences les plus abstraites, qu'il rendait claires, sur les affaires de gouvernement, de politique, de finance, de justice, de guerre, de cour, de conversation ordinaire, et de toutes sortes d'arts et de mécanique. Il ne se servait pas moins utilement des Histoires et des Mémoires, et connaissait fort les maisons [3]. Les personnages de tous les temps et leurs vies lui étaient présentes, et les intrigues des anciennes cours comme celles de son temps. A l'entendre, on lui aurait cru une vaste lecture. Rien moins : il parcourait légèrement ; mais sa mémoire était si singulière qu'il n'oubliait ni choses, ni noms, ni dates, qu'il rendait avec précision,

1. Moyenne. — 2. « Lieu où les jeunes gens apprennent l'équitation » (Littré). — 3. Familles nobles.

et son appréhension [1] était si forte, qu'en parcourant ainsi c'était en lui comme s'il eût tout lu fort exactement. Il excellait à parler sur-le-champ, et en justesse et en vivacité, soit de bons mots, soit de reparties. Il m'a souvent reproché, et d'autres plus que lui, que je ne le gâtais pas ; mais je lui ai souvent aussi donné une louange qui est méritée par bien peu de gens, et qui n'appartenait à personne si [2] justement qu'à lui : c'est qu'outre qu'il avait infiniment d'esprit et de plusieurs sortes, la perspicacité singulière du sien se trouvait jointe à une si grande justesse, qu'il ne se serait jamais trompé en aucune affaire s'il avait suivi la première appréhension de son esprit sur chacune. Il prenait quelquefois cette louange de moi pour un reproche, et il n'avait pas toujours tort ; mais elle n'en était pas moins vraie. Avec cela, nulle présomption, nulle trace de supériorité d'esprit ni de connaissance, raisonnant comme d'égal à égal avec tous, et donnant toujours de la surprise aux plus habiles. Rien de contraignant ni d'imposant dans la société, et quoiqu'il sentît bien ce qu'il était, et de façon même de ne le pouvoir oublier [3] en sa présence, il mettait tout le monde à l'aise, et lui-même comme au niveau des autres. Il gardait fort son rang en tout genre avec les princes du sang, et personne n'avait l'air, le discours, ni les manières plus respectueuses que lui, ni plus nobles, avec le Roi et avec les fils de France. Monsieur [4] avait hérité en plein de la valeur [5] des Rois ses père et grand-père [6], et l'avait transmise tout entière à son fils. Quoiqu'il n'eût aucun penchant à la médisance, beaucoup moins à ce qu'on appelle être méchant, il était dangereux sur [7] la valeur des autres. Il ne cherchait jamais à en [8] parler, modeste et silencieux même à cet égard sur ce qui lui était personnel, et racontait toujours les choses de cette nature où il avait eu le plus de part, donnant avec équité toute louange aux autres et ne parlant jamais de soi ; mais il se passait difficilement de pincer ceux

1. « Première idée qu'on prend d'une chose » (Littré). — 2. Aussi. — 3. Qu'on ne pouvait l'*oublier*. — 4. Père du duc. — 5. Courage militaire. — 6. Louis XIII et Henri IV. — 7. Jugeait sévèrement. — 8. De sa propre *valeur*.

qu'il ne trouvait pas ce qu'il appelait francs du collier [1], et on lui sentait un mépris et une répugnance naturelle à l'égard de ceux qu'il avait lieu de croire tels. Aussi avait-il le faible de croire ressembler en tout à Henri IV, de l'affecter dans ses façons, dans ses reparties, de se le persuader jusque dans sa taille et la forme de son visage, et de n'être touché d'aucune autre louange ni flatterie comme de celle-là, qui lui allait au cœur. C'est une complaisance à laquelle je n'ai jamais pu me ployer. Je sentais trop qu'il ne recherchait pas moins cette ressemblance dans les vices de ce grand prince que dans ses vertus, et que les uns ne faisaient pas moins son admiration que les autres. Comme Henri IV, il était naturellement bon, humain, compatissant, et, cet homme si cruellement accusé du crime le plus noir et le plus inhumain [2], je n'en ai point connu de plus naturellement opposé au crime de la destruction des autres, ni plus singulièrement éloigné de faire peine même à personne, jusque-là qu'il se peut dire que sa douceur, son humanité, sa facilité [3] avaient tourné en défaut, et je ne craindrai pas de dire qu'il tourna en vice la suprême vertu du pardon des ennemis, dont la prodigalité sans cause ni choix tenait trop près de l'insensible [4], et lui a causé bien des inconvénients fâcheux et des maux dont la suite fournira des exemples et des preuves.

(IV, 696-698.)

Que voulait-il donc ? me demandera-t-on. Commander les armées tant que la guerre aurait duré, et se divertir le reste du temps sans contrainte ni à lui ni à autrui. C'était en effet à quoi il était extrêmement propre. Une valeur [5] naturelle, tranquille, qui lui laissait tout voir, tout prévoir, et porter les remèdes, une grande étendue d'esprit pour les échets [6] d'une campagne, pour les projets, pour se munir de tout ce qui convenait à l'exécution, pour s'en aider à point

1. « Se dit des chevaux de la bonté desquels on juge par la franchise ou par la lâcheté dont ils tirent du collier » (Littré). — 2. On l'accusa en 1712 d'avoir empoisonné le Grand Dauphin, le duc et la duchesse de Bourgogne. — 3. « Disposition naturelle à s'accommoder sans peine avec tout le monde » (Littré). — 4. Ressemblait trop à de l'indifférence. — 5. Un courage. — 6. Mot inconnu (ou lapsus de Saint-Simon ?) ; peut-être : ce qui échoit.

nommé, pour s'établir d'avance des ressources et savoir en profiter bout à bout, et user aussi avec une sage diligence et vigueur de tous les avantages que lui pouvait présenter le sort des armes. On peut dire qu'il était capitaine, ingénieur, intendant d'armée, qu'il connaissait la force des troupes, le nom et la capacité des officiers, et les plus distingués de chaque corps, s'en faire adorer, les tenir néanmoins en discipline, exécuter, en manquant de tout, les choses les plus difficiles. C'est ce qui a été admiré en Espagne, et pleuré en Italie, quand il y prévit tout, et que Marcin lui arrêta les bras sur tout [1]. Ses combinaisons étaient justes et solides tant sur les matières de guerre que sur celles d'État ; il est étonnant jusqu'à quel détail il en embrassait toutes les parties sans confusion, les avantages et les désavantages des partis qui se présentaient à prendre, la netteté avec laquelle il les comprenait et savait les exposer, enfin la variété infinie et la justesse de toutes ses connaissances sans en montrer jamais, ni en avoir en effet meilleure opinion de soi.

Quel homme aussi au-dessus des autres, et en tout genre connu, et quel homme plus expressément formé pour faire le bonheur de la France, lorsqu'il eut à la gouverner ! Ajoutons-y une qualité essentielle, c'est qu'il avait plus de trente-six ans à la mort des Dauphins et près de trente-huit à celle de M. le duc de Berry, qu'il avait passés particulier, éloigné entièrement de toute idée de pouvoir arriver au timon ; courtisan battu des orages et des tempêtes, et qui avait vécu de façon à connaître tous les personnages, et la plupart de ce qui ne l'était pas ; en un mot l'avantage d'avoir mené une vie privée avec les hommes, et acquis toutes les connaissances, qui, sans cela, ne se suppléent point d'ailleurs. Voilà le beau, le très beau sans doute et le très rare. Malheureusement il y a une contre-partie qu'il faut maintenant exposer, et ne craindre pas quelque légère répétition, pour le mieux faire, de ce qu'on a pu voir ailleurs.

Ce prince, si heureusement né [2] pour être l'honneur

1. Au siège de Turin en 1706; cf. II, 655 et suiv. — 2. « Qui a des dispositions innées pour » (Littré).

et le chef-d'œuvre d'une éducation, n'y fut pas heureux.

(IV, 700-701.)

Éducation malheureuse par Dubois

Il [1] le flatta du côté des mœurs pour le jeter dans la débauche, et lui en faire un principe pour se bien mettre dans le monde, jusqu'à mépriser tous devoirs et toutes bienséances, ce qui le ferait bien plus ménager par le Roi qu'une conduite mesurée ; il le flatta du côté de l'esprit, dont il le persuada [qu'] il en avait trop et trop bon pour être la dupe de la religion, qui n'était, à son avis, qu'une invention de politique, et de tous les temps, pour faire peur aux esprits ordinaires, et retenir les peuples dans la soumission. Il l'infatua encore de son principe favori que la probité dans les hommes et la vertu dans les femmes ne sont que des chimères sans réalité dans personne, sinon dans quelques sots en plus grand nombre [2] qui se sont laissé imposer ces entraves comme celle de la religion, qui en sont des dépendances [3], et qui pour la politique sont du même usage, et fort peu d'autres qui, ayant de l'esprit et de la capacité, se sont laissé raccourcir l'un et l'autre par les préjugés de l'éducation. Voilà le fonds de la doctrine de ce bon ecclésiastique [4], d'où suivait la licence [5] de la fausseté, du mensonge, des artifices, de l'infidélité, de la perfidie, de toute espèce de moyens, en un mot, tout crime et toute scélératesse tournés en habileté, en capacité, en grandeur, liberté et profondeur d'esprit, de lumière et de conduite, pourvu qu' [on] sût se cacher et marcher à couvert des soupçons et des préjugés communs. Malheureusement, tout concourut en M. le duc d'Orléans à lui ouvrir le cœur et l'esprit à cet exécrable poison : une neuve et première jeunesse, beaucoup de force et de santé, les élans de la première sortie du joug et du dépit de son mariage [6] et de son oisiveté, l'ennui

1. L'abbé Dubois, plus tard cardinal et premier ministre, alors précepteur. — 2. Par opposition au *fort peu d'autres* qui suit. — 3. Ces *entraves* morales dépendent de celles imposées par la religion. — 4. Évidente antiphrase. — 5. Permission abusive. — 6. Considéré comme une mésalliance (avec une bâtarde de Louis XIV : voir plus loin, p. 82 et suiv.).

qui suit la dernière, cet amour, si fatal en ce premier âge, de ce bel air[1] qu'on admire aveuglément dans les autres, et qu'on veut imiter et surpasser, l'entraînement des passions, des exemples et des jeunes gens qui y trouvaient leur vanité et leur commodité, quelques-uns leurs vues à le faire vivre comme eux et avec eux. Ainsi il s'accoutuma à la débauche, plus encore au bruit de la débauche, jusqu'à n'avoir pu s'en passer, et qu'il ne s'y divertissait qu'à force de bruit, de tumulte et d'excès. C'est ce qui le jeta à en faire souvent de si étranges et de si scandaleuses, et, comme il voulait l'emporter sur tous les débauchés, à mêler dans ses parties les discours les plus impies et à trouver un raffinement précieux à faire les débauches les plus outrées aux jours les plus saints, comme il lui arriva pendant sa régence plusieurs fois le vendredi saint de choix et les jours respectables. Plus on était suivi, ancien, outré en impiété et en débauches, plus il considérait cette sorte de débauchés, et je l'ai vu sans cesse dans l'admiration poussée jusqu'à la vénération pour le grand prieur[2], parce qu'il y avait quarante ans qu'il ne s'était couché qu'ivre, et qu'il n'avait cessé d'entretenir publiquement des maîtresses et de tenir des propos continuels d'impiété et d'irréligion. Avec de tels principes et la conduite en conséquence, il n'est pas surprenant qu'il ait été faux jusqu'à l'indiscrétion de se vanter de l'être, et de se piquer d'être le plus raffiné trompeur. [...] Ce n'était pas injustement qu'il était accusé de n'avoir point de secret. La vérité est qu'élevé dans les tracasseries du Palais-Royal, dans les rapports, dans les redits dont Monsieur vivait et dont sa cour était remplie, M. le duc d'Orléans en avait pris le détestable goût et l'habitude, jusqu'à s'en être fait une sorte de maxime de brouiller tout le monde ensemble, et d'en profiter pour n'avoir rien à craindre des liaisons[3], soit pour apprendre par les aveux, les délations et les piques, et par la facilité encore de faire parler les uns contre les autres. Ce fut une de ses principales occupations pendant tout le temps qu'il fut à

1. Complément du nom : *amour*. — 2. Frère cadet du duc de Vendôme, le fameux général. — 3. « Union d'amitié, d'intérêt » (Littré).

la tête des affaires, et dont il se sut le plus de gré, mais qui, tôt découverte, le rendit odieux et le jeta en mille fâcheux inconvénients. Comme il n'était pas méchant, qu'il était même fort éloigné de l'être, il demeura dans l'impiété et la débauche où Dubois l'avait premièrement jeté, et que tout confirma toujours en lui par l'habitude, dans la fausseté, dans la tracasserie des uns aux autres, dont qui que ce soit ne fut exempt, et dans la plus singulière défiance, qui n'excluait pas, en même temps et pour les mêmes personnes, la plus grande confiance ; mais il en demeura là sans avoir rien pris du surplus des crimes familiers à son précepteur. Revenu plus assidûment à la cour à la mort de Monsieur, l'ennui l'y gagna et le jeta dans les curiosités de chimie dont j'ai parlé ailleurs [1], et dont on sut faire contre lui un si cruel usage [2]. On a peine à comprendre à quel point ce prince était incapable de se rassembler du monde [3], je dis avant que l'art infernal de Mme de Maintenon et du duc du Maine l'en eût totalement séparé ; combien peu il était en lui de tenir une cour ; combien avec un air désinvolte il se trouvait embarrassé et importuné du grand monde, et combien dans son particulier [4], et depuis dans sa solitude au milieu de la cour, quand tout le monde l'eut déserté, il se trouva destitué de toute espèce de ressource avec tant de talents, qui en devaient être une [5] inépuisable d'amusements pour lui. Il était né ennuyé, et il était si accoutumé à vivre hors de lui-même, qu'il lui était insupportable d'y rentrer, sans être capable de chercher même à s'occuper. Il ne pouvait vivre que dans le mouvement et le torrent des affaires, comme à la tête d'une armée, ou dans les soins d'y avoir tout ce dont il aurait besoin pour les exécutions de la campagne, ou dans le bruit et la vivacité de la débauche. Il y languissait dès qu'elle était sans bruit et sans une sorte d'excès et de tumulte, tellement que son temps lui était pénible à passer. Il se jeta dans la peinture après que le grand goût de la chimie [1] fut passé ou amorti par

1. Cf. III, 1215 et suiv. Il s'agit en fait de magie ou d'occultisme. — 2. Accusations d'empoisonnement : voir p. 49, l. 82. — 3. De créer autour de soi un groupe, une société. — 4. « Société où ne sont admises que les personnes intimes » (Littré). — 5. Une *ressource*.

tout ce qui s'en était si cruellement publié. Il peignait presque toute l'après-dînée à Versailles et à Marly. Il se connaissait fort en tableaux ; il les aimait ; il en ramassait, et il en fit une collection qui en nombre et en perfection ne le cédait pas aux tableaux de la couronne. Il s'amusa après à faire des compositions de pierres et de cachets à la merci du [1] charbon, qui me chassait souvent d'avec lui, et des compositions de parfums les plus forts, qu'il aima toute sa vie, et dont je le détournais, parce que le Roi les craignait fort, et qu'il sentait [2] presque toujours. Enfin jamais homme né avec tant de talents de toutes les sortes, tant d'ouverture et de facilité pour s'en servir, et jamais vie de particulier si désœuvrée ni si livrée au néant [3] et à l'ennui. Aussi Madame ne le peignit-elle pas moins heureusement qu'avait fait le Roi par l'apophtegme qu'il répondit sur lui à Mareschal, et que j'ai rapporté [4]. Madame était pleine de contes et de petits romans de fées : elle disait qu'elles avaient toutes été conviées à ses couches, que toutes y étaient venues, et que chacune avait doué son fils d'un talent, de sorte qu'il les avait tous ; mais que par malheur on avait oublié une vieille fée disparue depuis si longtemps qu'on ne se souvenait plus d'elle, qui, piquée de l'oubli, vint appuyée sur son petit bâton, et n'arriva qu'après que toutes les fées eurent fait chacune leur don à l'enfant ; que, dépitée de plus en plus, elle se vengea en le douant de rendre absolument inutiles tous les talents qu'il avait reçus de toutes les autres fées, d'aucun desquels, en les conservant tous, il n'avait jamais pu se servir. Il faut avouer qu'à prendre la chose en gros le portrait est parlant.

(IV, 705-709.)

Incertitudes Il n'oubliait rien, jusqu'aux plus folles lectures, pour se persuader qu'il n'y a point de Dieu, et il croyait le diable jusqu'à espérer de le voir et de l'entretenir. Ce contraste ne se peut

1. En laissant agir par lui-même... — 2. Exhalait l'odeur de ces parfums. — 3. « Nullité, obscurité d'une personne » (Littré). — 4. « C'est un fanfaron de vice »; Saint-Simon, en connaisseur, admire un « si grand coup de pinceau » : « c'était peindre en effet M. le duc d'Orléans d'un seul trait, et dans la ressemblance la plus juste et la plus parfaite » (IV, 446-447).

comprendre, et cependant il est extrêmement commun. Il y travailla avec toutes sortes de gens obscurs, et beaucoup avec Mirepoix, mort en 1699 sous-lieutenant des mousquetaires noirs, frère aîné du père de Mirepoix, aujourd'hui lieutenant général et chevalier de l'Ordre. Ils passaient les nuits dans les carrières de Vanves et de Vaugirard à faire des invocations. M. le duc d'Orléans m'a avoué qu'il n'avait jamais pu venir à bout de rien voir ni entendre, et se déprit enfin de cette folie. Ce ne fut d'abord que par complaisance pour Mme d'Argenton, mais après par un réveil de curiosité, qu'il s'adonna à faire regarder dans un verre d'eau le présent et le futur, dont j'ai rapporté sur son récit des choses singulières [1], et il n'était pas menteur. Faux et menteur, quoique fort voisins, ne sont pas même chose, et, quand il lui arrivait de mentir, ce n'était jamais que, lorsque, pressé sur quelque promesse ou sur quelque affaire, il y avait recours malgré lui pour sortir d'un mauvais pas. Quoique nous nous soyons souvent parlé sur la religion, où, tant que j'ai pu me flatter de quelque espérance de le ramener [2], je me tournais de tout sens avec lui pour traiter cet important chapitre sans le rebuter, je n'ai jamais pu démêler le système qu'il pouvait s'être forgé, et j'ai fini par demeurer persuadé qu'il flottait sans cesse sans s'en être jamais pu former. Son désir passionné, comme celui de ses pareils en mœurs, était qu'il n'y eût point de Dieu ; mais il avait trop de lumière pour être athée, qui sont une espèce particulière d'insensés bien plus rare qu'on ne croit. Cette lumière l'importunait ; il cherchait à l'éteindre et n'en put venir à bout. Une âme mortelle lui eût été une ressource ; il ne réussit pas mieux dans les longs efforts qu'il fit pour se la persuader. Un Dieu existant et une âme immortelle le jetaient en un fâcheux détroit, et il ne se pouvait aveugler sur la vérité de l'un et de l'autre.

(IV, 712-713.)

1. Cf. II, 638. — 2. Lui faire reprendre de bons sentiments.

1723 : déchéance Je vis un homme la tête basse, d'un rouge pourpre, avec un air hébété, qui ne me vit seulement pas approcher. Ses gens le lui dirent. Il tourna la tête lentement vers moi, sans presque la lever, et me demanda d'une langue épaisse ce qui m'amenait. Je le lui dis. J'étais entré là pour le presser de venir dans le lieu où il s'habillait, pour ne pas faire attendre le duc d'Humières ; mais je demeurai si étonné que je restai court. Je pris Simiane[1], premier gentilhomme de sa chambre, dans une fenêtre, à qui je témoignai ma surprise et ma crainte de l'état où je voyais M. le duc d'Orléans. Simiane me répondit qu'il était depuis fort longtemps ainsi les matins, qu'il n'y avait ce jour-là rien d'extraordinaire en lui, et que je n'en étais surpris que parce que je ne le voyais jamais à ces heures-là ; qu'il n'y paraîtrait plus tant, quand il se serait secoué en s'habillant. Il ne laissa pas d'y paraître encore beaucoup lorsqu'il vint s'habiller. Il reçut le remerciement du duc d'Humières d'un air étonné et pesant ; et lui, qui était toujours gracieux et poli à tout le monde, et qui savait si bien dire à propos et à point, à peine lui répondit-il.

(VII, 344-345.)

Mort du Régent On frémit jusque dans les moelles par l'horreur du soupçon que Dieu l'exauça dans sa colère. On a vu, il y a peu, qu'il redoutait une mort lente qui s'annonçait de loin, qui devient une grâce bien précieuse quand celle [2] d'en savoir bien profiter y est ajoutée, et que la mort la plus subite fut celle qu'il préférait. Hélas ! il l'obtint...

(VII, 378.)

---

1. Premier gentilhomme de la chambre du Régent, et beau-frère de la petite-fille de la marquise de Sévigné. — 2. La grâce.

La duchesse de Berry, sa fille (1695-1719) C'était un prodige d'esprit, d'orgueil, d'ingratitude et de folie, et c'en fut un aussi de débauche et d'entêtement. A peine fut-elle huit jours mariée, qu'elle commença à se développer sur tous ces points, que [1] la fausseté suprême qui était en elle, et dont même elle se piquait comme d'un excellent talent, ne laissa pas d'envelopper [2] un temps, quand l'humeur la laissait libre, mais qui la dominait souvent. On s'aperçut bientôt de son dépit d'être née d'une mère bâtarde, et d'en avoir été contrainte, quoique avec des ménagements infinis, de son mépris pour la faiblesse de M. le duc d'Orléans, et de sa confiance en l'empire qu'elle avait pris sur lui, de l'aversion qu'elle avait conçue contre toutes les personnes qui avaient eu part à son mariage [3], parce qu'elle était indignée de penser qu'elle pût avoir obligation [4] à quelqu'un, et elle eut bientôt après la folie non seulement de l'avouer, mais de s'en vanter [...].

(III, 841.)

- **L'éducation du duc d'Orléans**

① Préciser les rapports entre les vices inculqués et, d'une part, les qualités innées (pp. 47-50), d'autre part, les antécédents personnels du duc; y discerner le contraste d'ensemble d'avec les affinités de détail.

② Le libertinage : montrer le piquant et le brillant de sa présentation par un prêtre, et la finesse de l'analyse spécifique qu'en fait l'auteur : *Ainsi il s'accoutuma à la débauche...* (p. 52, l. 41); *il y languissait...* (p. 53, l. 107); se demander ce qu'ajoute la seconde notation à la première.

③ Le libertinage (p. 55) : distinguer, malgré leurs liens étroits, ses aspects intellectuel et moral, et déduire du texte les convictions de l'auteur, qui s'y expriment discrètement et indirectement.

④ L'apologue final (p. 54, l. 129 et suiv.) : apprécier son charme, son aspect folklorique chez une princesse germanique, et la souplesse de la grande phrase (*Madame...*, l. 129 et suiv.).

- **La mort du Régent** (p. 56)

⑤ Dégager le pathétique réel des sentiments, chez un auteur dévot, envers son ami impénitent, et la force de l'expression.

---

1. Antécédent : *points*. — 2. « Cacher, dissimuler, déguiser » (Littré). — 3. Saint-Simon en était. — 4. « Lien de reconnaissance » (Littré).

Cette princesse était grande, belle, bien faite, avec toutefois assez peu de grâce, et quelque chose dans les yeux qui faisait craindre ce qu'elle a tenu. Elle n'avait pas moins que père et mère le don de la parole, d'une facilité qui coulait de source, comme en eux, pour dire tout ce qu'elle voulait et comme elle le voulait dire, avec une netteté, une précision, une justesse, un choix de termes et une singularité de tour qui surprenait toujours. Timide d'un côté en bagatelles, hardie d'un autre jusqu'à effrayer, haute jusqu'à la folie, basse aussi jusqu'à la dernière indécence, il se peut dire qu'à l'avarice près, elle était un modèle de tous les vices, qui étaient d'autant plus dangereux qu'on ne pouvait pas avoir plus d'art [1] ni plus d'esprit.

(IV, 723.)

4 *MONSEIGNEUR, fils du Roi (1661-1711)*

Grand Dauphin, père du duc de Bourgogne, du duc d'Anjou (devenu Philippe V par succession au trône d'Espagne) et du duc de Berry, il mourut en 1711.

Telle fut la fin d'un prince qui passa près de cinquante ans à faire faire des plans aux autres, tandis que, sur le bord du trône, il mena toujours une vie privée, pour ne pas dire obscure, jusque-là qu'il ne s'y trouve rien de marqué que la propriété de Meudon et ce qu'il y a fait d'embellissement. Chasseur sans plaisir, presque voluptueux, mais sans goût, gros joueur autrefois pour gagner, mais, depuis qu'il bâtissait, sifflant dans un coin du salon de Marly et frappant des doigts sur sa tabatière, ouvrant de grands yeux sur les uns et les autres sans presque regarder, sans conversation, sans amusement, je dirais volontiers sans sentiment et sans pensée ; et toutefois, par la grandeur de son être [2], le point aboutissant, l'âme, la vie de la cabale [3] la plus étrange, la plus terrible, la plus pro-

1. Habileté artificieuse. — 2. « Un prince dont tout le mérite était dans sa naissance, et tout le poids dans son corps » (Saint-Simon). — 3. Cabale dite de Meudon; voir plus loin, p. 94 et suiv.

fonde, la plus unie nonobstant ses subdivisions, qui ait existé depuis la paix des Pyrénées, qui a scellé la dernière fin des troubles nés de la minorité du Roi. Je me suis un peu longuement arrêté sur ce prince presque indéfinissable, parce qu'on ne peut le faire connaître que par des détails.

(III, 845-846.)

De ce long et curieux détail, il résulte que Monseigneur était sans vice ni vertu, sans lumières ni connaissances quelconques, radicalement incapable d'en acquérir, très paresseux, sans imagination ni production, sans goût, sans choix, sans discernement, né pour l'ennui, qu'il communiquait aux autres, et pour être une boule roulante au hasard par l'impulsion d'autrui, opiniâtre et petit en tout à l'excès, de l'incroyable facilité à se prévenir[1] et à tout croire qu'on a vue, livré aux plus pernicieuses mains, incapable d'en sortir ni de s'en apercevoir, absorbé dans sa graisse et dans ses ténèbres, et que, sans avoir aucune volonté de mal faire, il eût été un roi pernicieux.

(III, 844-845.)

- **Le Grand Dauphin**

① Le peintre : étudier l'art de l'instantané (l. 9-11).

② Le moraliste : montrer avec précision que l'auteur apparaît ici plus impitoyable envers l'inconsistance qu'envers le vice (voir pp. 51-56) et qu'il a peut-être des raisons politiques pour cela (voir plus loin, pp. 104-116), outre les raisons morales et personnelles.

③ Le styliste : étudier l'art de la formule féroce.

---

1. Acquérir des préjugés favorables ou défavorables.

5 *LE DUC DE BOURGOGNE (1682-1712)*

Fils aîné du précédent, père de Louis XV, Dauphin en 1711, disciple des Fénelon, Beauvillier et Chevreuse, le duc de Bourgogne fut leur espoir politique et celui de Saint-Simon.

De la violence... Il faut dire d'abord que Mgr le duc de Bourgogne était né avec un naturel à faire trembler. Il était fougueux jusqu'à vouloir briser ses pendules lorsqu'elles sonnaient l'heure qui l'appelait à ce qu'il ne voulait pas, et jusqu'à s'emporter de la plus étrange manière contre la pluie, quand elle s'opposait à ce qu'il voulait faire. La résistance le mettait en fureur : c'est ce dont j'ai été souvent témoin dans sa première jeunesse. D'ailleurs, un goût ardent le portait à tout ce qui est défendu au corps et à l'esprit. Sa raillerie était d'autant plus cruelle qu'elle était plus spirituelle et plus salée, et qu'il attrapait tous les ridicules avec justesse. Tout cela était aiguisé par une vivacité de corps et d'esprit qui allait à l'impétuosité, et qui ne lui permit jamais, dans ces premiers temps, d'apprendre rien qu'en faisant deux choses à la fois. Tout ce qui est plaisir, il l'aimait avec une passion violente, et tout cela avec plus d'orgueil et de hauteur qu'on n'en peut exprimer. Dangereux de plus à discerner et gens et

---

- **Le duc de Bourgogne (I)**

  ① Psychologie du prince : dégager le trait commun aux qualités et défauts antérieurs à la piété, puis l'évolution psychologique qui pousse le néophyte à l'excessive austérité.

  ② Les détails : étudier la valeur indicatrice et suggestive des détails concrets (*pendules*, p. 60, l. 4...) et la nuance entre *apercevoir le faible* (l. 21) et la *raillerie* (l. 11).

  ③ Un style ardu : montrer sa densité (*un esprit vif...*, p. 61, l. 26), sa difficulté (expliquer *des plaisirs... innocents*, p. 61, l. 34-36) et sa complexité.

choses, et apercevoir le faible d'un raisonnement, et à raisonner plus fortement et plus profondément que ses maîtres ; mais aussi, dès que l'emportement était passé, la raison le saisissait et surnageait à tout : il sentait ses fautes, il les avouait, et quelquefois avec tant de dépit, qu'il rappelait [1] la fureur. Un esprit vif, actif, perçant, se raidissant contre les difficultés, à la lettre transcendant [2] en tout genre. Le prodige est qu'en très peu de temps la dévotion et la grâce en firent un autre homme, et changèrent tant et de si redoutables défauts en vertus parfaitement contraires.

... à la piété Ce Prince, qui avait toujours eu du goût et de la facilité pour toutes les sciences abstraites, les mit à la place des plaisirs, dont l'attrait, toujours subsistant en lui, les lui faisait fuir avec frayeur, même des plus innocents : ce qui, joint à cet esclavage de charité du prochain, si on ose hasarder ce terme, dans un novice qui tend d'abord en tout à la perfection, et qui ignore les bornes des choses, et à une timidité qui l'embarrassait partout faute de savoir que dire et que faire à tous les instants entre Dieu, qu'il craignait d'offenser en tout, et le monde, avec lequel cette gêne perpétuelle le mettait de travers, le jeta dans ce particulier [3] sans bornes, parce qu'il ne se trouvait en liberté que seul, et que son esprit et les sciences lui fournissaient de reste [4] de quoi ne s'y pas ennuyer, outre que la prière y occupait beaucoup de son temps. La violence qu'il s'était faite sur tant de défauts, et tous véhéments, ce désir de perfection, l'ignorance, la crainte, le peu de discernement qui accompagne toujours une dévotion presque naissante, le faisait excéder dans le contre-pied de ses défauts, et lui inspirait une austérité qu'il outrait en tout, et qui lui donnait un air contraint, et souvent, sans s'en apercevoir, de censeur, qui éloigna Monseigneur de lui de plus en plus, et dépitait le Roi même.

(III, 522-523.)

1. Faisait revenir. — 2. « Qui s'élève au-dessus du reste » (Littré). — 3. Cette société intime. — 4. « Plus qu'il n'est nécessaire pour ce dont il s'agit » (Littré).

Durement éprouvé par une cabale qui lui avait aliéné son père, le duc s'assouplit.

Humanisation Le Roi revenu pleinement à lui, l'insolente cabale[1] tout à fait dissipée par la mort d'un père presque ennemi[2] dont il prenait la place, le monde en respect, en attention, en empressement, les personnages les plus opposés [3] en air de servitude, ce même gros de la cour en soumission et en crainte, l'enjoué et le frivole, partie non médiocre d'une grande cour, à ses pieds par son épouse, certain d'ailleurs de ses démarches par Mme de Maintenon [4], on vit ce prince timide, sauvage, concentré, cette vertu précise, ce savoir déplacé, cet homme engoncé, étranger dans sa maison, contraint de tout, embarrassé partout, on le vit, dis-je, se montrer par degrés, se déployer peu à peu, se donner au monde avec mesure, y être libre, majestueux, gai, agréable, tenir le salon de Marly dans des temps coupés, présider au cercle rassemblé autour de lui comme la divinité du temple, qui sent, et qui reçoit avec bonté les hommages des mortels auxquels il est accoutumé, et les récompenses de ses douces influences. Peu à peu la chasse ne fut plus l'entretien que du laisser-courre [5], ou du moment du retour. Une conversation aisée, mais instructive et adressée avec choix et justesse, charma le sage courtisan et fit admirer les autres. Des morceaux d'histoire convenables, amenés sans art des occasions naturelles, des applications désirables, mais toujours discrètes et simplement présentées sans les faire, des intermèdes aisés, quelquefois même plaisants, tout de source et sans recherche, des traits échappés de science, mais rarement, et comme dardés de [6] plénitude involontaire, firent tout à la fois ouvrir les yeux, les oreilles et les cœurs. Le Dauphin devint un autre prince de Conti [7]. La soif de faire sa cour eut en plusieurs [8] moins de part à l'empressement de l'environner dès qu'il paraissait, que celle [9] de l'entendre et d'y puiser une instruction délicieuse par l'agrément

1. Voir p. 94. — 2. Le Grand Dauphin, en 1711. — 3. Adversaires du duc de Bourgogne. — 4. Assuré dans son action *par* le soutien de *Mme de Maintenon*. — 5. « Lieu où l'on découple les chiens » (Littré). — 6. Lancés par... — 7. Devint charmant. — 8. Sous-entendu : courtisans. — 9. La soif.

et la douceur d'une éloquence naturelle qui n'avait rien de recherché, la justesse en tout, et, plus que cela, la consolation, si nécessaire et si désirée, de se voir un maître futur si capable de l'être par son fonds, et par l'usage qu'il montrait qu'il en saurait faire. Gracieux partout, plein d'attention au rang, à la naissance, à l'âge, à l'acquis de chacun, choses depuis si longtemps honnies et confondues avec le plus vil peuple de la cour ; régulier à rendre à chacune de ces choses ce qui leur était dû de politesse, et ce qui s'y en pouvait ajouter avec dignité ; grave, mais sans rides [1], et en même temps gai et aisé : il est incroyable avec quelle étonnante rapidité l'admiration de l'esprit, l'estime du sens [2], l'amour du cœur, et toutes les espérances furent entraînées, avec quelle roideur les fausses idées qu'on s'en était faites et voulu faire furent précipitées, et quel fut l'impétueux tourbillon du changement qui se fit généralement à son égard. La joie publique faisait qu'on ne s'en pouvait taire, et qu'on se demandait les uns aux autres si c'était bien là le même homme, et si ce qu'on voyait était songe ou réalité. Cheverny, qui fut un de ceux à qui la question s'adressa, n'y laissa rien à repartir : il répondit que la cause de tant de surprise était de ce qu'on ne connaissait point ce prince, qu'on n'avait même pas voulu connaître ; que, pour lui, il le trouvait tel qu'il l'avait toujours connu et vu dans son particulier ; que, maintenant que la liberté lui était venue de se montrer dans tout son naturel, et aux autres de l'y voir, il paraissait ce qu'il avait toujours été, et que cette justice lui serait rendue quand l'expérience de la continuité apprendrait cette vérité.

(III, 971-972.)

Mais la mort brisa soudain ces espérances (1712).

La France tomba enfin sous ce dernier châtiment ; Dieu lui montra un prince qu'elle ne méritait pas. La terre n'en était pas digne [3] ; il était mûr déjà pour la bienheureuse éternité.

(III, 1186.)

1. Sans l'allure ingrate du grand âge. — 2. Bon *sens*, raison. — 3. Cf. Virgile, *Énéide*, VI, fin (épisode de Marcellus).

La Duchesse de Bourgogne (1685-1712)

Jamais princesse arrivée si jeune ne vint si bien instruite, et ne sut mieux profiter des instructions qu'elle avait reçues. Son habile père[1], qui connaissait à fonds notre cour, la lui avait peinte, et lui avait appris la manière unique de s'y rendre heureuse. Beaucoup d'esprit naturel et facile l'y seconda, et beaucoup de qualités aimables lui attachèrent les cœurs, tandis que sa situation personnelle avec son époux, avec le Roi, avec Mme de Maintenon, lui attirèrent les hommages de l'ambition. Elle avait su travailler à s'y[2] mettre dès les premiers moments de son arrivée ; elle ne cessa, tant qu'elle vécut, de continuer un travail si utile, et dont elle recueillit sans cesse tous les fruits. Douce, timide, mais adroite, bonne jusqu'à craindre de faire la moindre peine à personne, et, toute légère et vive qu'elle était, très capable de vues et de suite de la plus longue haleine; la contrainte jusqu'à la gêne, dont elle sentait tout le poids, semblait ne lui rien coûter. La complaisance lui était naturelle, coulait de source ; elle en avait jusque pour sa cour. Régulièrement laide, les joues pendantes, le front trop avancé, un nez qui ne disait rien, de grosses lèvres mordantes, des cheveux et des sourcils châtains bruns fort bien plantés, des yeux les plus parlants et les plus beaux

---

- **Le duc de Bourgogne (II)**

① Un dithyrambe : s'interroger sur le ton et sur la conformité du portrait avec les souhaits de l'auteur (idéalisation?) et sur la compatibilité du propos de Cheverny (p. 63, l. 56 et suiv.) avec l'évolution soulignée par l'auteur.

② L'oraison funèbre de la fin (p. 63, l. 67-70) : en analyser la retenue, la hauteur et l'amertume de ton.

③ D'après les pages 60-63, esquisser une étude des rapports de la passion et de la vérité (ou de la véracité) chez Saint-Simon.

---

1. Le prince Victor-Amédée II de Savoie, mari d'une sœur du duc d'Orléans. — 2. Dans cette bonne *situation* (l. 10).

du monde, peu de dents et toutes pourries, dont elle parlait et se moquait la première, le plus beau teint et la plus belle peau, peu de gorge[1] mais admirable, le cou long, avec un soupçon de goître qui ne lui seyait point mal, un port de tête galant, gracieux, majestueux, et le regard de même, le sourire le plus expressif, une taille longue, ronde, menue, aisée, parfaitement coupée, une marche de déesse sur les nuées. Elle plaisait au dernier point ; les grâces naissaient d'elles-mêmes de tous ses pas, de toutes ses manières et de ses discours les plus communs. Un air simple et naturel toujours, naïf assez souvent, mais assaisonné d'esprit, charmait, avec cette aisance qui était en elle jusqu'à la communiquer à tout ce qui l'approchait. Elle voulait plaire, même aux personnes les plus inutiles et les plus médiocres, sans qu'elle parût le rechercher. On était tenté de la croire toute et uniquement à celles avec qui elle se trouvait. Sa gaieté jeune, vive, active, animait tout, et sa légèreté de nymphe la portait partout, comme un tourbillon qui remplit plusieurs lieux à la fois, et qui y donne le mouvement et la vie. Elle ornait tous les spectacles, était l'âme des fêtes, des plaisirs, des bals, et y ravissait par les grâces, la justesse et la perfection de sa danse. Elle aimait le jeu, s'amusait au petit jeu : car tout l'amusait ; elle préférait le gros, y était nette, exacte, la plus belle joueuse du monde, et, en un instant, faisait le jeu de chacun ; également gaie et amusée à faire, les après-dînées, des lectures sérieuses, à converser dessus, et à travailler avec ses dames sérieuses : on appelait ainsi ses dames du palais les plus âgées. Elle n'épargna rien, jusqu'à sa santé, elle n'oublia pas jusqu'aux plus petites choses, et sans cesse, pour gagner Mme de Maintenon, et le Roi par elle. Sa souplesse à leur égard était sans pareille, et ne se démentit jamais d'un moment. Elle l'accompagnait de toute la discrétion que lui donnait la connaissance d'eux que l'étude et l'expérience lui avaient acquise, pour les degrés d'enjouement ou de mesure qui étaient à propos. Son plaisir, ses agréments, je le répète, sa santé même, tout leur fut immolé. Par cette voie elle

1. « Le sein d'une femme » (Littré).

s'acquit une familiarité avec eux dont aucun des enfants du Roi, non pas même ses bâtards, n'avaient pu approcher. En public, sérieuse, mesurée, respectueuse avec le Roi, et en timide bienséance avec Mme de Maintenon, qu'elle n'appelait jamais que *ma tante*, pour confondre joliment le rang et l'amitié ; en particulier[1], causante, sautante, voltigeante autour d'eux, tantôt perchée sur le bras du fauteuil de l'un ou l'autre, tantôt se jouant sur leurs genoux, elle leur sautait au col, les embrassait, les baisait, les caressait, les chiffonnait, leur tirait le dessous du menton, les tourmentait, fouillait leurs tables, leurs papiers, leurs lettres, les décachetait, les lisait quelquefois malgré eux selon qu'elle les voyait en humeur d'en rire, et parlant quelquefois dessus ; admise à tout, à la réception des courriers qui apportaient les nouvelles les plus importantes ; entrant chez le Roi à toute heure, même des moments[2] pendant le Conseil ; utile et fatale aux ministres mêmes, mais toujours portée à obliger, à servir, à excuser, à bien faire, à moins qu'elle ne fût violemment poussée contre quelqu'un, comme elle fut contre Pontchartrain, qu'elle nommait quelquefois au Roi *votre vilain borgne*, ou par quelque cause majeure, comme elle la fut contre Chamillart ; si libre, qu'entendant un soir le Roi et Mme de Maintenon

---

- **La duchesse de Bourgogne**

① Nature et culture : analyser d'après le début du texte (p. 64) l'idée, chère au XVIIIe siècle, que la formation reçue et les efforts personnels sont plus déterminants pour la personnalité que les qualités innées, dont le rôle est dès lors complémentaire.

② L'art du portrait (*Elle plaisait...*, p. 65, l. 34) : comparer avec celui de Fénelon (p. 169 et suiv.) et voir la particularité du présent portrait dans l'évocation de la grâce tourbillonnante et son élargissement final en anecdote (car cela développe une idée chère à l'auteur).

③ La part du portrait physique : remarquer son arrivée inattendue, son début (p. 64, l. 22) mêlé (qualité : *régulièrement*; défaut : *laide*) et la prédominance insensiblement établie de la grâce.

---

1. En société intime. — 2. De brefs instants.

parler avec affection de la cour d'Angleterre dans les commencements qu'on espéra la paix par la reine Anne : « Ma tante, se mit-elle à dire, il faut convenir qu'en Angleterre les reines gouvernent mieux que les rois, et savez-vous bien pourquoi, ma tante ? » et toujours courant et gambadant, « c'est que, sous les rois, ce sont les femmes qui gouvernent, et ce sont les hommes sous les reines. » L'admirable est qu'ils en rirent tous deux, et qu'ils trouvèrent qu'elle avait raison.

(III, 1159-1161.)

En 1700, le duc d'Anjou, frère puîné du duc de Bourgogne, est devenu Philippe V, roi d'Espagne.

Philippe V... (1683-1746) Le premier coup d'œil, lorsque je fis ma première révérence au roi d'Espagne en arrivant, m'étonna si fort, que j'eus besoin de rappeler tous mes sens pour m'en remettre. Je n'aperçus nul vestige du duc d'Anjou, qu'il me fallut chercher dans son visage fort allongé, changé, et qui disait encore beaucoup moins que lorsqu'il était parti de France. Il était fort courbé, rapetissé, le menton en avant, fort éloigné de sa poitrine, les pieds tous [1] droits, qui se touchaient, et se coupaient en marchant, quoiqu'il marchât vite et les genoux à plus d'un pied l'un de l'autre. Ce qu'il me fit l'honneur de me dire était bien dit, mais si l'un après l'autre, les paroles si traînées, l'air si niais, que j'en fus confondu. Un justaucorps, sans aucune sorte de dorure, d'une manière de bure brune, à cause de la chasse où il devait aller, ne relevait [2] pas sa mine ni son maintien. Il portait une perruque nouée, jetée par derrière, et le cordon bleu [3] par-dessus son justaucorps, toujours et en tout temps, et de façon qu'on ne distinguait pas sa Toison [4] qu'il portait au col avec un cordon rouge, que sa cravate et son cordon bleu cachaient presque toujours. Je m'étendrai ailleurs sur ce monarque.

1. Noter l'accord, quoique le mot soit employé comme adverbe. — 2. Ne faisait pas valoir. — 3. « Insigne des chevaliers de l'ordre du Saint-Esprit » (Littré), ordre institué en 1597 par Henri III. — 4. *Toison d'or :* célèbre ordre espagnol fondé en 1420, par le duc de Bourgogne Philippe le Bon.

Élisabeth Farnèse, devenue sa seconde femme, en 1714.

... et la reine (1692-1766) La reine que je vis un quart d'heure après, ainsi qu'il a été rapporté plus haut, m'effraya par son visage marqué, couturé, défiguré à l'excès par la petite vérole ; le vêtement espagnol d'alors pour les dames, entièrement différent de l'ancien, et de l'invention de la princesse des Ursins[1], est aussi favorables aux dames jeunes et bien faites, qu'il est fâcheux pour les autres, dont l'âge et la taille laissent voir tous les défauts. La reine était faite au tour[2], maigre alors, mais la gorge[3] et les épaules belles, bien taillée, assez pleine et fort blanche, ainsi que les bras et les mains ; la taille dégagée, bien prise, les côtés longs, extrêmement fine et menue par le bas, un peu plus élevée que la médiocre[4] ; avec un léger accent italien, parlait très bien français, en bons termes, choisis, et sans chercher ; la voix et la prononciation fort agréables. Une grâce charmante, continuelle, naturelle, sans la plus légère façon, accompagnait ses discours et sa contenance, et variait suivant qu'ils variaient. Elle joignait un air de bonté, même de politesse, avec justesse et mesure, souvent d'une aimable familiarité, à un air de grandeur et à une majesté qui ne la quittait point.

(VI, 818-819.)

- **Philippe V**

① Étudier la férocité de l'auteur (cf. Goya, peintre de Charles IV d'Espagne); montrer en particulier le rôle du contraste allusif avec le passé, lui-même fort peu idéalisé cependant.

- **La reine**

② Examiner le contraste entre le premier choc *(visage)* et les détails vestimentaires, puis l'effacement progressif de ce choc grâce à l'allure physique de la reine.

③ Dégager l'impression que provoque la présence constante de la reine (haut de la p. 69), et ses causes, définies d'abord abstraitement, puis en un manège bien précis.

---

1. Sorte de Maintenon espagnole avant le remariage de Philippe V avec É. Farnèse, qui la chassa. — 2. « Parfaitement bien faite » (Littré). — 3. Poitrine. — 4. La moyenne.

Arrivée en Espagne, sûre d'en chasser d'abord la princesse des Ursins [1], et avec le projet de la remplacer dans le gouvernement, elle le saisit d'abord et s'en empara si bien, ainsi que de l'esprit du roi, qu'elle disposa bientôt de l'un et de l'autre. Sur les affaires, rien ne lui pouvait être caché ; le roi ne travaillait jamais qu'en sa présence ; tout ce qu'il voyait seul, elle le lisait et en raisonnait avec lui ; elle était toujours présente à toutes les audiences particulières qu'il donnait, soit à des sujets, soit aux ministres étrangers, comme on l'a déjà expliqué ci-dessus, en sorte que rien ne pouvait lui échapper du côté des affaires ni des grâces [2]. De celui du roi [3], ce tête-à-tête éternel que jour et nuit elle avait avec lui lui donnait tout lieu de le connaître, et, pour ainsi dire, de le savoir par cœur. Elle voyait donc à revers les temps des insinuations préparatoires, leur succès, les résistances lorsqu'il s'en trouvait, leurs causes et les façons de les exténuer, les moments de ployer pour revenir après, ceux de tenir ferme et d'emporter de force. Tous ces manèges lui étaient nécessaires, quelque crédit qu'elle eût, et, si on l'ose dire, le tempérament [4] du Roi était pour elle la pièce la plus forte, et elle y avait quelquefois recours. Alors les refus nocturnes excitaient des tempêtes ; le roi criait et menaçait, par-ci par-là passait outre ; elle tenait ferme, pleurait et quelquefois se défendait. Le matin tout était en orage ; le très petit et intime intérieur [5] agissait envers l'un et envers l'autre sans pénétrer [6] souvent ce qui l'avait excité. La paix se consommait la nuit suivante, et il était rare que ce ne fût à l'avantage de la reine, qui emportait sur le roi ce qu'elle avait voulu. (VI, 1083-1084.)

La Princesse des Asturies (1709-1742) *leur bru, fille cadette du Régent, mariée à douze ans au Prince des Asturies, qui en avait quatorze ; Saint-Simon fut à cette occasion ambassadeur extraordinaire en Espagne (1721-1722) ; il prend congé d'elle.*

1. Voir p. 68, note 1. — 2. Accordées par le roi. — 3. Du côté *du roi*. — 4. La sensualité. — 5. La compagnie très restreinte. — 6. « Percer intellectuellement en comprenant » (Littré).

... Je fis mes trois révérences, puis mon compliment. Je me tus ensuite, mais vainement ; car elle ne me répondit pas un seul mot. Après quelques moments de silence, je voulus lui fournir de quoi répondre, et je lui demandai ses ordres pour le Roi, pour l'Infante et pour Madame [1], M. et Mme la duchesse d'Orléans [2]. Elle me regarda, et me lâcha un rot à faire retentir la chambre. Ma surprise fut telle que je demeurai confondu. Un second partit aussi bruyant que le premier. J'en perdis contenance et tout moyen de m'empêcher de rire, et, jetant les yeux à droite et à gauche, je les vis tous, leurs mains sur leur bouche, et leurs épaules qui allaient. Enfin un troisième, plus fort encore que les deux premiers, mit tous les assistants en désarroi, et moi en fuite avec tout ce qui m'accompagnait, avec des éclats de rire d'autant plus grands qu'ils forcèrent les barrières que chacun avait tâché d'y mettre. Toute la gravité espagnole fut déconcertée ; tout fut dérangé ; nulle révérence ; chacun pâmant de rire se sauva comme il put, sans que la princesse en perdît son sérieux, qui [3] ne s'expliqua point avec moi d'autre façon. On s'arrêta dans la pièce suivante pour rire tout à son aise, et s'étonner après plus librement. Le roi et la reine ne tardèrent pas à être informés du succès de cette audience, et m'en parlèrent l'après-dînée au Mail. Ils en rirent les premiers pour en laisser la liberté aux autres, qui la prirent fort largement sans s'en faire prier.

(VII, 161-162.)

1. Sa grand-mère. — 2. Ses parents. — 3. Antécédent : *la princesse*.

6 *LES BATARDS*

Le Duc du Maine (1670-1736) et le Comte de Toulouse (1678-1737) *fils du Roi Louis XIV et de Mme de Montespan, frères de Mlle de Blois qui épousa le Régent.*

Le Roi avançait en âge, et Monseigneur vers le trône [1] ; M. du Maine en tremblait. Avec de l'esprit, je ne dirai pas comme un ange, mais comme un démon, auquel il ressemblait si fort en malignité, en noirceur, en perversité d'âme, en desservices à tous, en services à personne, en marches profondes, en orgueil le plus superbe, en fausseté exquise [2], en artifices sans nombre, en simulations sans mesure, et encore en agréments, en l'art d'amuser, de divertir, de charmer quand il voulait plaire, c'était un poltron accompli de cœur et d'esprit, et à force de l'être, le poltron le plus dangereux, et le plus propre, pourvu que ce fût par-dessous terre, à se porter aux plus terribles extrémités pour parer ce qu'il jugeait avoir à craindre, et se porter aussi à toutes les souplesses et les bassesses les plus rampantes, auxquelles le diable ne perdait rien. Il était de plus poussé par une femme de même trempe, dont l'esprit, et elle en avait aussi infiniment, avait achevé de se gâter et de se corrompre par la lecture des romans et des pièces de théâtres [3], dans les passions desquelles elle s'abandonnait tellement, qu'elle a passé des années à les apprendre par cœur et à les jouer publiquement elle-même [4]. Elle avait du courage à l'excès, entreprenante, audacieuse, furieuse, ne connaissant que la passion présente et y postposant tout, indignée contre la prudence et les mesures [5] de son mari, qu'elle appelait misères de faiblesse, à qui elle reprochait l'honneur qu'elle lui avait fait de l'épouser [6], qu'elle rendit petit et souple devant elle en le traitant comme un

1. On est avant 1711. — 2. Extrême, raffinée. — 3. C'est bien l'orthographe du manuscrit. — 4. Lors des « Nuits blanches » dans leur château de Sceaux. — 5. « Modération, retenue » (Littré). — 6. Fille de Monsieur le Prince, elle avait épousé un bâtard du Roi.

nègre, le ruinant de fond en comble sans qu'il osât proférer une parole, souffrant tout d'elle dans la frayeur qu'il en avait, et dans la terreur encore que la tête achevât tout à fait de lui tourner. Quoiqu'il lui cachât assez de choses, l'ascendant qu'elle avait sur lui était incroyable, et c'était à coups de bâton qu'elle le poussait en avant. Nul concert [1] avec le comte de Toulouse. C'était un homme fort court, mais l'honneur, la vertu, la droiture, la vérité, l'équité même, avec un accueil aussi gracieux qu'un froid naturel, mais glacial, le pouvait permettre ; de la valeur [2] et de l'envie de faire, mais par les bonnes voies, et en qui le sens [3] droit et juste, pour le très ordinaire, suppléait à l'esprit ; fort appliqué d'ailleurs à savoir sa marine de guerre et de commerce, et l'entendant très bien. Un homme de ce caractère n'était pas pour vivre intimement avec son frère et sa belle-sœur. M. du Maine le voyait aimé et estimé parce qu'il méritait de l'être ; il lui en portait envie. Le comte de Toulouse, sage, silencieux, mesuré, le sentait, mais n'en faisait aucun semblant. Il ne pouvait souffrir les folies de sa belle-sœur. Elle le voyait en plein, elle en rageait, elle ne le pouvait souffrir à son tour : elle éloignait encore les deux frères l'un de l'autre. Celui-ci [4] était fort bien avec Monsei-

---

- **Les bâtards**

① Une démarche complexe : analyser tantôt l'allure sinueuse du portrait du duc (défauts, charme, lâcheté, danger), tantôt le jeu des contrastes entre le duc et la duchesse; entre eux deux et le comte; entre les dehors du duc (*mangeait seul...*, p. 73, l. 65 et suiv.) et son caractère réel (*Avec de l'esprit...*, p. 70, l. 2 et suiv.).

② Un style divers : expliquer son caractère expressif (portrait de la duchesse) et ses obscurités à force de concision (*qui toutes deux ne l'oublièrent jamais*, p. 73, l. 59).

③ Sur les pages 64 à 73, appuyer une étude de l'allure très diverse du portrait, rarement composé de façon formelle, le plus souvent souple et adapté, parfois complexe dans son jeu d'éclairages contrastés.

---

1. Harmonie, ressemblance. — 2. Courage militaire. — 3. Bon sens. — 4. Le comte de Toulouse.

gneur et M. et Mme la duchesse de Bourgogne, qu'il avait toujours fort ménagés et respectés ; il était timide avec le Roi, qui s'amusait beaucoup plus de M. du Maine, le Benjamin de Mme de Maintenon, son ancienne gouvernante, à qui il sacrifia Mme de Montespan, qui toutes deux ne l'oublièrent jamais. Il [1] avait eu l'art de persuader au Roi qu'avec beaucoup d'esprit, qu'on ne pouvait lui méconnaître, il était sans aucunes vues, sans nulle ambition, et un idiot de paresse, de solitude, d'application, et la plus grande dupe du monde en tout genre : aussi passait-il sa vie dans le fonds de son cabinet, mangeait seul, fuyait le monde, allait seul à la chasse, et, de cette vie de sauvage, s'en faisait un vrai mérite auprès du Roi, qu'il voyait tous les jours, en toutes ses heures particulières ; enfin, suprêmement hypocrite : à la grand messe, à vêpres, au salut toutes les fêtes et dimanches, avec apparat. Il était le cœur, l'âme, l'oracle de Mme de Maintenon, de laquelle il faisait tout ce qu'il voulait, et qui ne songeait qu'à tout ce qui lui pouvait être le plus agréable et le plus avantageux aux dépens de quoi que ce pût être.

(II, 830-831.)

1. Le duc du Maine.

CL. B. N.

7 *LES MAITRESSES*

La Duchesse de la Vallière (1644-1710) *se retire en 1674 chez les Carmélites.*

Heureux s'il[1] n'eût eu que des maîtresses semblables à Mme de la Vallière, arrachée à elle-même par ses propres yeux[2], honteuse de l'être, encore plus des fruits de son amour[3], reconnus et élevés malgré elle, modeste, désintéressée, douce, bonne au dernier point, combattant sans cesse contre elle-même, victorieuse enfin de son désordre par les plus cruels effets de l'amour et de la jalousie[4], qui furent tout à la fois son tourment et sa ressource, qu'elle sut embrasser assez au milieu de ses douleurs pour s'arracher enfin, et se consacrer à la plus dure et la plus sainte pénitence !

(IV, 942.)

- **Mme de La Vallière et Mme de Montespan**

  ① Les liens entre deux portraits contrastés : montrer l'interférence entre les deux liaisons royales, allusive dans le premier texte, explicite dans le début du second; étudier la différence des épithètes dans l'évocation de deux fins de vie analogues (pénitence finale).

  ② Un schéma romanesque : la confidence au mari; le rapprocher de l'histoire de Mme de Verue et de l'aveu de Mme de Clèves dans le roman de Mme de Lafayette; se demander pourquoi Saint-Simon ne l'a développé que pour Mme de Verue, et comment, à l'époque, on a pu juger invraisemblable l'aveu de Mme de Clèves, dont la réalité avait donné des exemples connus.

  ③ Des effets d'accumulation : les relever dans le premier texte avec les traits touchants ou édifiants, dans le second pour traduire l'éclat du scandale.

---

1. Louis XIV. — 2. *Elle-même* tomba amoureuse du Roi avant qu'il fît attention à elle. — 3. Cinq enfants, dont une fille légitimée qui épousa un prince de Conti. — 4. A l'égard de Mme de Montespan; voir le texte suivant.

Mme de Montespan (1641-1710)

Mme de Montespan fut celle dont la rare beauté le toucha ensuite, même pendant le règne de Mme de la Vallière. Elle s'en aperçut bientôt ; elle pressa vainement son mari de l'emmener en Guyenne ; une folle confiance ne voulut pas l'écouter. Elle lui parlait alors de bonne foi. A la fin le Roi en fut écouté, et l'enleva à son mari avec cet épouvantable fracas qui retentit avec horreur chez toutes les nations, et qui donna au monde le spectacle nouveau de deux maîtresses à la fois. Il les promena aux frontières, aux camps, des moments aux armées, toutes deux dans le carrosse de la Reine. Les peuples accourant de toutes parts se montraient les trois reines [1] et se demandaient avec simplicité les uns aux autres s'ils les avaient vues. A la fin Mme de Montespan triompha, et disposa seule du maître et de sa cour, avec un éclat qui n'eut plus de voile ; et, pour qu'il ne manquât rien à la licence [2] publique de cette vie, M. de Montespan, pour en avoir voulu prendre, fut mis à la Bastille, puis relégué en Guyenne.

(IV, 1010.)

La cour de Mme de Montespan devint le centre de la cour, des plaisirs, de la fortune, de l'espérance et de la terreur des ministres et des généraux d'armée, et l'humiliation de toute la France. Ce fut aussi le centre de l'esprit, et d'un tour si particulier, si délicat, si fin, mais toujours si naturel et si agréable, qu'il se faisait distinguer à son caractère unique [3] [...]

Pour Mme de Montespan, elle était méchante, capricieuse, avait beaucoup d'humeur, et une hauteur en tout dans les nues dont personne n'était exempt, le Roi aussi peu que tout autre. Les courtisans évitaient de passer sous ses fenêtres, surtout quand le Roi y était avec elle ; ils disaient que c'était passer par les armes, et ce mot passa en proverbe à la cour. Il est vrai qu'elle n'épargnait personne, très souvent sans autre dessein

1. N'oublions pas Marie-Thérèse d'Espagne. — 2. Trop grande liberté. — 3. Il s'agit de ce « *tour* à la Mortemart », que Saint-Simon dit reconnaissable à son brillant et à sa hauteur chez tous les membres de cette parenté.

que de divertir le Roi, et, comme elle avait infiniment d'esprit, de tour et de plaisanterie fine, rien n'était plus dangereux que les ridicules qu'elle donnait mieux que personne. Avec cela elle aimait sa maison [1] et ses parents, et ne laissait pas de bien servir les gens pour qui elle avait pris de l'amitié. La Reine supportait avec peine sa hauteur avec elle, bien différente des ménagements continuels et des respects de la duchesse de la Vallière, qu'elle aima toujours, au lieu que de celle-ci il lui échappait souvent de dire : « Cette pute me fera mourir. » On a vu en son temps [2] la retraite, l'austère pénitence et la pieuse fin de Mme de Montespan.

(IV, 1011-1012.)

Mme de Maintenon (1635-1719) *Gouvernante des bâtards nés de Mme de Montespan, elle finit, croit-on, par épouser Louis XIV en de secrètes noces (1684).*

C'était une femme de beaucoup d'esprit, que les meilleures compagnies, où elle avait d'abord été soufferte [3] et dont bientôt elle fit le plaisir, avaient fort polie et ornée de la science du monde [4], et que la galanterie [5] avait achevé de tourner au plus agréable. Ses divers états [6] l'avaient rendue flatteuse, insinuante, complaisante, cherchant toujours à plaire. Le besoin de l'intrigue, toutes celles qu'elle avait vues, en plus d'un genre, et de beaucoup desquelles elle avait été, tant pour elle-même que pour en servir d'autres, l'y [7] avaient formée, et lui en avaient donné le goût, l'habitude et toutes les adresses. Une grâce incomparable à tout, un air d'aisance, et toutefois de retenue et de respect, qui par sa longue bassesse [8] lui était devenu naturel, aidaient merveilleusement ses talents, avec un langage doux, juste, en bons termes, et naturellement éloquent et court. Son beau temps, car elle avait trois ou quatre ans de plus que le Roi, avait été celui des belles conversations, de la belle galanterie, en un mot

1. Sa famille. — 2. Cf. II, 860 et suiv. — 3. Tolérée. — 4. Connaissance des usages de la bonne société. — 5. Les liaisons amoureuses. — 6. Les vicissitudes de sa condition. — 7. *A plaire* (l. 7). — 8. De condition sociale (veuve du poète Scarron).

de ce qu'on appelait les ruelles [1], [et] lui en avait tellement donné l'esprit, qu'elle en retint toujours le goût et la plus forte teinture. Le précieux et le guindé ajouté à l'air de ce temps-là, qui en tenait un peu, s'était augmenté par le vernis de l'importance, et s'accrut depuis par celui de la dévotion, qui devint le caractère principal, et qui fit semblant d'absorber tout le reste ; il lui était capital pour se maintenir où il l'avait portée, et ne le fut pas moins pour gouverner. Ce dernier point était son être [2] ; tout le reste y fut sacrifié sans réserve. La droiture et la franchise étaient trop difficiles à accorder avec une telle vue, et avec telle fortune [3] ensuite, pour imaginer qu'elle en retînt plus que la parure. Elle n'était pas aussi tellement fausse que ce fût son véritable goût ; mais la nécessité lui en avait de longue main donné l'habitude, et sa légèreté naturelle la faisait paraître au double de fausseté plus qu'elle n'en avait. Elle n'avait de suite en rien que par contrainte et par force. Son goût était de voltiger en connaissances et en amis comme en amusements, excepté quelques amis fidèles de l'ancien temps dont on a parlé, sur qui elle ne varia point, et quelques nouveaux des derniers temps, qui lui étaient devenus nécessaires. A l'égard des amusements, elle ne les put guères varier depuis qu'elle se vit reine. Son inégalité [4] tomba en plein sur le solide [5], et fit par là de grands maux. Aisément engouée, elle l'était à l'excès ; aussi facilement déprise, elle se dégoûtait de même, et l'un et l'autre très souvent sans cause ni raison. L'abjection et la détresse où elle avait si longtemps vécu lui avait rétréci l'esprit, et avili le cœur et les sentiments. Elle pensait et sentait si fort en petit, en toutes choses, qu'elle était toujours en effet moins que Mme Scarron, et qu'en tout et partout elle se retrouvait telle. Rien n'était si rebutant que cette bassesse jointe à une situation si radieuse ; rien aussi n'était à tout bien empêchement [6] si dirimant [7], comme rien de si dangereux que cette facilité à changer d'amitié et de confiance.

1. « Alcôves de certaines dames de qualité, servant de salon de conversation et où régnait souvent le ton précieux » (Littré). — 2. Essentiel à ses yeux. — 3. Situation. — 4. « Défaut de régularité » (Littré). — 5. « Consistant; réel, effectif, durable » (Littré). — 6. Obstacle à faire le bien, quel qu'il soit. — 7. « Qui rend nul » (Littré).

Elle avait encore un autre appât trompeur. Pour peu qu'on pût être admis à son audience et qu'elle y trouvât quelque chose à son goût, elle se répandait avec une ouverture qui surprenait et qui ouvrait les plus grandes espérances ; dès la seconde[1], elle s'importunait, et devenait sèche et laconique. On se creusait la tête pour démêler et la grâce et la disgrâce, si subites toutes les deux ; on y perdait son temps. La légèreté en était la seule cause, et cette légèreté était telle qu'on ne se la pouvait imaginer. Ce n'est pas que quelques-uns n'aient échappé[2] à cette vacillité[3] si ordinaire ; mais ces personnes n'ont été que des exceptions, qui ont d'autant plus confirmé la règle qu'elles-mêmes ont éprouvé force nuages dans leur faveur, et que, quelle qu'elle[4] ait été, c'est-à-dire depuis son dernier mariage, aucune ne l'a approchée qu'avec précaution et dans l'incertitude.

On peut juger des épines de sa cour, qui d'ailleurs était presque inaccessible et par sa volonté, et par le goût du Roi, et encore par la mécanique des temps et des heures, d'une cour qui toutefois opérait une grande et intime partie de toutes choses, et qui presque toujours influait sur tout le reste.

Elle eut la faiblesse d'être gouvernée par la confiance, plus encore par les espèces de confessions, et d'en être la dupe par la clôture[5] où elle s'était enfermée. Elle eut aussi la maladie des directions[6], qui lui emporta le peu de liberté dont elle pouvait jouir. Ce que Saint-Cyr lui fit perdre de temps en ce genre est incroyable ; ce que mille autres couvents lui en coûtèrent ne l'est pas moins. Elle se croyait l'abbesse universelle, surtout pour le spirituel, et de là entreprit des détails[7] de diocèses ; c'étaient là ses occupations favorites. Elle se figurait être une Mère de l'Église ; elle en pesait les pasteurs du premier ordre, les supérieurs de séminaires et de communautés, les monastères et les filles qui les conduisaient, ou qui y étaient les principales. De là une mer d'occupations frivoles, illusoires, pénibles,

1. Audience. — 2. *Quelques-uns* avaient *échappé* (double négation). — 3. « Défaut de fermeté et de constance » (Littré) ; italianisme. — 4. Mme de Maintenon. — 5. Habileté à se taire. — 6. De conscience. — 7. Études détaillées de l'organisation.

toujours trompeuses, des lettres et des réponses à l'infini, des directions [1] d'âmes choisies, et toutes sortes de puérilités qui aboutissaient d'ordinaire à des riens, quelquefois aussi à des choses importantes, et à de déplorables méprises en décisions, en événements d'affaires, et en choix.

La dévotion, qui l'avait couronnée [2], et par laquelle elle sut se conserver, la jeta, par art et par goût de régenter, qui se joignit à celui de dominer, dans ces sortes d'occupations, et l'amour-propre, qui n'y rencontrait jamais que des adulateurs, s'en nourrissait. Elle trouva le Roi qui se croyait apôtre, pour avoir toute sa vie persécuté le jansénisme, ou ce qui lui était présenté comme tel. Ce champ parut propre à Mme de Maintenon à repaître ce prince de son zèle et à s'introduire dans tout.

(IV, 1023-1025.)

Pendant le travail, Mme de Maintenon lisait ou travaillait en tapisserie. Elle entendait tout ce qui se passait entre le Roi et le ministre, qui parlaient tout haut. Rarement elle y mêlait son mot, plus rarement ce mot était de quelque conséquence. Souvent le Roi lui demandait son avis ; alors elle répondait avec de grandes mesures. Jamais, ou comme jamais, elle ne paraissait affectionner rien, et moins encore s'intéresser pour personne ; mais elle était d'accord avec le ministre, qui n'osait en particulier [3] ne pas convenir de ce qu'elle voulait, ni encore moins broncher en sa présence. Dès qu'il s'agissait donc de quelque grâce ou de quelque emploi, la chose était arrêtée entre eux avant le travail où la décision s'en devait faire, et c'est ce qui la retardait quelquefois, sans que le Roi ni personne en sût la cause. Elle mandait au ministre qu'elle voulait lui parler auparavant. Il n'osait mettre la chose sur le tapis qu'il n'eût reçu ses ordres, et que la mécanique roulante des jours et des temps leur eût donné le loisir de s'entendre. Cela fait, le ministre proposait et montrait une liste. Si de hasard le Roi s'arrêtait à celui

1. De conscience ; voir la correspondance de Mme de Maintenon. — 2. Faite reine. — 3. En société intime.

que Mme de Maintenon voulait, le ministre s'en tenait là, et faisait en sorte de n'aller pas plus loin. Si le Roi s'arrêtait à quelque autre, le ministre proposait de voir ceux qui étaient aussi à portée, laissait après dire le Roi, et en profitait pour exclure. Rarement proposait-il expressément celui à qui il en voulait venir, mais toujours plusieurs, qu'il tâchait de balancer également pour embarrasser le Roi sur le choix. Alors le Roi lui demandait son avis. Il parcourait encore les raisons de quelques-uns, et appuyait enfin sur celui qu'il voulait. Le Roi presque toujours balançait, et demandait à Mme de Maintenon ce qu'il lui en semblait. Elle souriait, faisait l'incapable, disait quelquefois un mot de quelque autre, puis revenait, si elle ne s'y était pas tenue d'abord, sur celui que le ministre avait appuyé, et déterminait ; tellement que les trois quarts des grâces et des choix, et les trois quarts encore du quatrième quart de ce qui passait par le travail des ministres chez elle, c'était elle qui en disposait. Quelquefois aussi, quand elle n'affectionnait personne, c'était le ministre même[1], avec son agrément

---

- **Mme de Maintenon**

① Les nuances : étudier l'alliance du mépris social avec l'éloge du mérite personnel, la transition fine de la préciosité à la dévotion; éclairer la nuance *fit semblant* (p. 77, l. 26) grâce à l'expression *sacrifié sans réserve* (l. 29).

② L'analyse moraliste : en montrer les nuances (*La droiture et la franchise...*, p. 77, l. 30), la cohérence (peinture de la versatilité, pp. 77-78), l'apparition inattendue (digression sur la petitesse, p. 77, l. 50-53) et la férocité (p. 78, l. 81 et suiv.).

③ La force d'expression : *Le besoin de l'intrigue...* (p. 76, l. 7) étudier la densité de cette phrase. Étudier le pittoresque des termes imagés, p. 78.

④ La démystification : montrer les contrastes, mais aussi les liens entre le manège de discrétion apparente et l'efficacité réelle des interventions, ainsi que la subtile analyse de la mécanique de duperie; compléter en confrontant avec la page 28.

⑤ D'après les pages 64-81, étudier Saint-Simon peintre et analyste des femmes (et non de *la* Femme).

---

1. Qui *affectionnait* quelqu'un et disposait alors.

et son concours, sans que le Roi en eût aucun soupçon. Il croyait disposer de tout et seul, tandis qu'il ne disposait, en effet, que de la plus petite partie, et toujours encore par quelque hasard, excepté des occasions rares de quelqu'un qu'il s'était mis dans la fantaisie, ou si quelqu'un qu'il voulait favoriser lui avait parlé pour quelqu'un. En affaires, si Mme de Maintenon les voulait faire réussir, manquer, ou tourner d'une autre façon, ce qui était beaucoup moins ordinaire que ce qui regardait les emplois et les grâces, c'était la même intelligence[1] entre elle et le ministre, et le même manège à peu près. Par ce détail, on voit que cette femme habile faisait presque tout ce qu'elle voulait, mais non pas tout, ni quand et comme elle voulait.

Il y avait une autre ruse si le Roi s'opiniâtrait : c'était alors d'éviter la décision en brouillant et allongeant la matière, en en substituant une autre comme venant à propos de celle-là, et qui la détournât, ou en proposant quelque éclaircissement à prendre. On laissait ainsi émousser les premières idées, et on revenait une autre fois à la charge avec la même adresse, qui très souvent réussissait. C'était encore presque la même chose pour charger ou diminuer les fautes, faire valoir les lettres et les services, ou y glisser légèrement, et préparer ainsi la perte ou la fortune.

(IV, 1040-1041.)

1. « Accord » (Littré).

DEUXIÈME PARTIE

PHYSIOLOGIE DE LA COUR

1 *AMOURS*

Un mariage *En 1692, le duc de Chartres (duc d'Orléans après la mort de Monsieur, et futur Régent) est mis en demeure d'épouser Mlle de Blois, bâtarde de Louis XIV et de Mme de Montespan. On va voir quelles réactions provoque cette mésalliance.*

Une après-dînée, de fort bonne heure, que je passais dans la galerie haute, je vis sortir M. le duc de Chartres d'une porte de derrière de son appartement, l'air fort empêtré et triste, suivi d'un seul exempt des gardes de Monsieur ; et, comme je me trouvais là, je lui demandai où il allait ainsi si vite et à cette heure-là. Il me répondit d'un air brusque et chagrin qu'il allait chez le Roi qui l'avait envoyé querir. Je ne jugeai pas à propos de l'accompagner, et, me tournant à mon gouverneur, je lui dis que je conjecturais quelque chose du mariage, et qu'il allait éclater [1]. Il m'en avait depuis quelques jours transpiré quelque chose, et, comme je jugeai bien que les scènes seraient fortes, la curiosité me rendit fort attentif et assidu.

M. de Chartres trouva le Roi seul avec Monsieur dans son cabinet, où le jeune prince ne savait pas devoir trouver M. son père. Le Roi fit des amitiés à M. de Chartres, lui dit qu'il voulait prendre soin de son établissement [2] ; que la guerre allumée de tous côtés lui

1. « Se manifester d'une manière qui frappe les yeux, les esprits » (Littré). — 2. De le marier.

ôtait des princesses[1] qui auraient pu lui convenir ; que, de princesses du sang, il n'y en avait point de son âge ; qu'il ne lui pouvait mieux témoigner sa tendresse qu'en lui offrant sa fille, dont les deux sœurs[2] avaient épousé deux princes du sang[3] ; que cela joindrait en lui la qualité de gendre à celle de neveu ; mais que, quelque passion qu'il eût de ce mariage, il ne le voulait point contraindre, et lui laissait là-dessus toute liberté. Ce propos, prononcé avec cette majesté effrayante si naturelle au Roi, à un prince timide et dépourvu de réponse, le mit hors de mesure[4]. Il crut se tirer d'un pas si glissant en se rejetant sur Monsieur et Madame, et répondit en balbutiant que le Roi était le maître, mais que sa[5] volonté dépendait de la leur. « Cela est bien à vous, répondit le Roi ; mais dès que vous y consentez, votre père et votre mère ne s'y opposeront pas » ; et se tournant à Monsieur : « Est-il pas vrai, mon frère ? » Monsieur consentit, comme il l'avait déjà fait avec le Roi, qui tout de suite dit qu'il n'était donc plus question que de Madame, et qui sur-le-champ l'envoya chercher ; et cependant se mit à causer avec Monsieur, qui tous deux ne firent pas semblant de[6] s'apercevoir du trouble et de l'abattement de M. de Chartres.

Madame arriva, à qui, d'entrée, le Roi dit qu'il comptait bien qu'elle ne voudrait pas s'opposer à une affaire que Monsieur désirait, et que M. de Chartres y consentait : que c'était son mariage avec Mlle de Blois, qu'il avouait qu'il désirait avec passion, et ajouta courtement les mêmes choses qu'il venait de dire à M. le duc de Chartres, le tout d'un air imposant, mais comme hors de doute que Madame pût n'en pas être ravie, quoique plus que certain du contraire. Madame, qui avait compté sur le refus dont M. son fils lui avait donné parole, qu'il lui avait même tenue autant qu'il avait pu par sa réponse si embarrassée et si conditionnelle, se trouva prise et muette. Elle lança deux regards furieux à Monsieur et à M. de Char-

1. Parce qu'étrangères, de pays en guerre avec la France. — 2. Marie-Anne de Bourbon, fille de la Vallière; et Mlle de Nantes, fille de la Montespan. — 3. Louis-Armand de Conti et Louis (III) de Condé respectivement. — 4. Terme d'escrime : « non à la juste distance; déconcerté » (Littré). — 5. Celle du duc de Chartres. — 6. Feignirent de ne pas...

tres, dit que, puisqu'ils le voulaient bien, elle n'avait rien à dire, fit une courte révérence et s'en alla chez elle. M. son fils l'y suivit incontinent, auquel sans donner le moment de lui dire comment la chose s'était passée, elle chanta pouilles[1] avec un torrent de larmes, et le chassa de chez elle. [...]

Fort peu après la musique finie, le Roi envoya chercher à l'appartement Monseigneur et Monsieur, qui jouaient déjà au lansquenet[2] ; Madame, qui à peine regardait une partie d'hombre auprès de laquelle elle s'était mise ; M. de Chartres, qui jouait fort tristement aux échecs ; et Mlle de Blois, qui à peine avait commencé à paraître dans le monde, qui, ce soir-là, était extraordinairement parée, et qui pourtant ne savait et ne se doutait même de rien, si bien que, naturellement fort timide et craignant horriblement le Roi, elle se crut mandée pour essuyer quelque réprimande, et était si tremblante que Mme de Maintenon la prit sur ses genoux, où elle la tint toujours, la pouvant à peine rassurer[3]. A ce bruit de ces personnes royales mandées chez Mme de Maintenon, et Mlle de Blois avec elles, le bruit du mariage éclata à l'appartement, en même temps que le Roi le déclara dans ce particulier[4]. Il[5] ne dura que quelques moments, et les mêmes personnes revinrent à l'appartement, où cette déclaration fut rendue publique. J'arrivai dans ces premiers instants. Je trouvais le monde par pelotons, et un grand étonnement régner sur tous les visages. J'en appris bientôt la cause, qui ne me surprit pas, par la rencontre que j'avais faite au commencement de l'après-dînée.

Madame se promenait dans la galerie avec Châteautiers[6], sa favorite et digne de l'être ; elle marchait à grands pas, son mouchoir à la main, pleurant sans contrainte, parlant assez haut, gesticulant, et représentant fort bien Cérès après l'enlèvement de sa fille Proserpine, la cherchant en fureur et la redemandant à Jupiter. Chacun, par respect, lui laissait le champ

1. « Reproches mêlés d'injures » (Littré). — 2. Jeu de cartes : l'*hombre* également. — 3. Mlle de Blois avait alors quinze ans à peine. — 4. Dans cette société intime. — 5. Le *particulier* — 6. Sur cette personne, voir II, 953-954.

libre, et ne faisait que passer pour entrer dans l'appartement. Monseigneur et Monsieur s'étaient remis au lansquenet. Le premier me parut tout à son ordinaire ; mais rien de si honteux que le visage de Monsieur, ni de si déconcerté que toute sa personne ; et ce premier état lui dura plus d'un mois. M. son fils paraissait désolé, et sa future dans un embarras et une tristesse extrême. [...]

La politique [1] rendit donc cet appartement languissant en apparence, mais en effet [2] vif et curieux. Je le trouvai court dans sa durée ordinaire ; il finit par le souper du Roi, duquel je ne voulus rien perdre. Le Roi y parut tout comme à son ordinaire. M. de Chartres était auprès de Madame, qui ne le regarda jamais, ni Monsieur. Elle avait les yeux pleins de larmes, qui tombaient de temps en temps, et qu'elle essuyait de même, regardant tout le monde comme si elle eût cherché à voir quelle mine chacun faisait. M. son fils avait aussi les yeux bien rouges, et tous deux ne mangèrent presque rien. Je remarquai que le Roi offrit à Madame presque de tous les plats qui étaient devant lui, et qu'elle les refusa tous d'un air de brusquerie,

---

- **Un mariage**

① La curiosité : montrer comment l'auteur pique celle du lecteur et trahit la sienne.

Les personnalités : remarquer comment le Roi adapte ses propos aux trois personnes à convaincre et comment celles-ci réagissent de façon révélatrice (abattement, soumission, fureur).

La partialité : noter la justification du duc de Chartres par l'auteur qui fut toujours son ami (p. 83, l. 53-55).

② Le peintre : étudier l'art de peindre des groupes (pp. 84-85), des atmosphères (gêne, tristesse, porte-à-faux) et des attitudes.

L'impression produite; voir les côtés comiques et sympathiques à la fois chez Madame, et discerner la commisération éprouvée et provoquée par l'auteur.

③ Le style : analyser comment est traduit le contraste entre le languissant et le vif (p. 85).

---

1. « Règles de conduite particulière, manière adroite dont on se sert » (Littré). — 2. En réalité.

qui, jusqu'au bout, ne rebuta point l'air d'attention et de politesse du Roi pour elle.

Il fut encore fort remarqué qu'au sortir de table et à la fin de ce cercle debout, d'un moment, dans la chambre du Roi, il fit à Madame une révérence très marquée et basse, pendant laquelle elle fit une pirouette si juste, que le Roi, en se relevant, ne trouva plus que son dos, et [elle] avancée d'un pas vers la porte.

Le lendemain, toute la cour fut chez Monsieur, chez Madame et chez M. le duc de Chartres, mais sans dire une parole ; on se contentait de faire la révérence, et tout s'y passa en parfait silence. On alla ensuite attendre à l'ordinaire la levée du Conseil dans la galerie et la messe du Roi. Madame y vint : M. son fils s'approcha d'elle comme il faisait tous les jours pour lui baiser la main ; en ce moment, Madame lui appliqua un soufflet, si sonore qu'il fut entendu de quelques pas, et qui, en présence de toute la cour, couvrit de confusion ce pauvre prince, et combla les infinis [1] spectateurs, dont j'étais, d'un prodigieux étonnement. Ce même jour, l'immense dot fut déclarée, et, le jour suivant, le Roi alla rendre visite à Monsieur et à Madame, qui se passa fort tristement ; et depuis on ne songea plus qu'aux préparatifs de la noce.

(I, p. 32-36.)

Une liaison Nangis, que nous voyons aujourd'hui un fort plat maréchal de France, était alors la fleur des pois [2] ; un visage gracieux sans rien de rare, bien fait sans rien de merveilleux. Élevé dans l'intrigue et dans la galanterie par la maréchale de Rochefort, sa grand'mère, et Mme de Blanzac, sa mère, qui y étaient des maîtresses passées [3], produit tout jeune par elles dans le grand monde, dont elles étaient une espèce de centre, il n'avait d'esprit que celui de plaire aux dames, de parler leurs langages, et de s'assurer les plus désirables par une discrétion qui

---

1. « Innombrables » (Littré). — 2. « Se dit de personnes remarquables par leur élégance, leur position, leur agrément, etc. » (Littré). — 3. *Étaient passées maîtresses en intrigue et galanterie.*

n'était pas de son âge, et qui n'était plus de son siècle. Personne que lui n'était alors plus à la mode. Il avait eu un régiment tout enfant ; il avait montré de la volonté, de l'application et une valeur [1] brillante à la guerre, que les dames avaient fort relevée [2], et qui suffisait à son âge. Il était fort de la cour de Mgr le duc de Bourgogne, et à peu près de son âge, et il en était fort bien traité. Ce prince, passionnément amoureux de son épouse, n'était pas fait comme Nangis ; mais la princesse répondait si parfaitement à ses empressements, qu'il est mort sans soupçonner jamais qu'elle eût des regards pour un autre que pour lui. Il en tomba pourtant sur Nangis, et bientôt ils redoublèrent. Nangis ne fut pas ingrat ; mais il craignit la foudre, et son cœur était pris [3]. Mme de la Vrillière, qui, sans beauté, était jolie comme les amours et en avait toutes les grâces, en avait fait la conquête. Elle était fille de Mme de Mailly dame d'atour de Mme la duchesse de Bourgogne, elle était de tout dans sa cour. La jalousie l'éclaira bientôt. Bien loin de céder à la princesse, elle se piqua d'honneur de conserver sa conquête, de la lui disputer, de l'emporter. Cette lutte mit Nangis dans d'étranges embarras. Il craignait les furies de sa maîtresse, qui se montrait à lui plus capable d'éclater [4] qu'elle ne l'était en effet [5]. Outre son amour pour elle, il craignait tout d'un emportement, et croyait déjà sa fortune [6] perdue. D'autre part, sa réserve ne le perdait pas moins auprès d'une princesse qui pouvait tant, qui pourrait tout un jour [7], et qui n'était pas pour [8] céder, non pas même pour souffrir une rivale. Cette perplexité, à qui était au fait, donnait des scènes continuelles. Je ne bougeais alors de chez Mme de Blanzac à Paris et de chez la maréchale de Rochefort à Versailles, j'étais ami intime de plusieurs dames du palais qui voyaient tout et ne me cachaient rien, j'étais avec la duchesse de Villeroy sur un pied solide de confiance, et, avec la maréchale, tel, qu'ayant

1. Courage militaire. — 2. Relever : « Faire valoir, louer, exalter » (Littré). — 3. Épris ailleurs. — 4. Se manifester de façon frappante. — 5. Dans la réalité. — 6. Sa situation. — 7. Le duc de Bourgogne était, après son père le Grand Dauphin, l'héritier nécessaire de la couronne. — 8. Dont le naturel *n'était pas* de...

toujours été mal ensemble, je les raccommodai si bien, que, jusqu'à leur mort, elles ont vécu ensemble dans la plus tendre intimité. La duchesse de Villeroy savait tout par Mme d'O et par la maréchale de Cœuvres, qui était raffolée d'elle, et qui étaient les confidentes et quelque chose de plus. La duchesse de Lorge, ma belle-sœur, ne l'était guères moins, et, tous les soirs, me contait tout ce qu'elle avait vu et appris dans la journée. J'étais donc instruit exactement et pleinement d'une journée à l'autre. Outre que rien ne me divertissait davantage, les suites pouvaient être grandes, et il était important pour l'ambition d'être bien informé. Enfin toute la cour, assidue et éclairée, s'aperçut de ce qui avait été caché d'abord avec tant de soin. Mais, soit crainte, soit amour de cette princesse, qu'on adorait, cette même cour se tut, vit tout, se parla entre elle, et garda le secret qui ne lui était pas même confié. Ce manège, qui ne fut pas sans aigreur de la part de Mme de la Vrillière pour la princesse, et quelquefois insolemment placée, ni sans une souffrance et un éloignement doucement marqué de la princesse pour elle, fit longtemps un spectacle fort singulier. Soit que Nangis, trop fidèle à son premier amour, eût besoin de quelque grain de jalousie, soit que la chose se fît naturellement, il arriva qu'il trouva un concurrent. Maulévrier, fils d'un frère de Colbert mort de douleur de n'être pas maréchal de France à la promotion où le maréchal de Villeroy le fut, avait épousé une fille du maréchal de Tessé. Maulévrier n'avait point un visage agréable ; sa figure était d'ailleurs très commune. Il n'était point sur le pied de la galanterie. Il avait de l'esprit, et un esprit fertile en intrigues sourdes, une ambition démesurée, et rien qui la pût retenir, laquelle allait jusqu'à la folie. Sa femme était jolie, avec fort peu d'esprit, tracassière, et, sous un extérieur de vierge, méchante au dernier point. Peu à peu elle fut admise, comme fille de Tessé, à monter dans les carrosses, à manger, à aller à Marly, à être de tout chez Mme la duchesse de Bourgogne, qui se piquait de reconnaissance pour Tessé qui avait négocié la paix de Savoie et son mariage, dont le Roi lui savait fort bon gré. Maulévrier écuma des premiers ce qui se passait à l'égard de Nangis : il se fit donner des privances [1] chez Mme la duchesse de Bourgogne par son beau-père, il s'y rendit assidu ; enfin, excité par l'exemple, il osa soupirer. Lassé de n'être point entendu, il hasarda d'écrire ; on prétendit que Mme Quantin, amie intime de Tessé, trompée par le gendre, crut recevoir de sa main des billets du beau-père [2], et que, les regardant comme en conséquence, elle les rendait [3]. Maulévrier, sous le nom de son beau-père, recevait, crut-on, les réponses aux billets par la même main [4] qui les avait remis. Je n'ajouterai pas ce qu'on crut au delà. Quoi qu'il en soit, on s'aperçut de celui-ci comme de l'autre, et on s'en aperçut avec le même silence. Sous prétexte d'amitié pour Mme de Maulévrier, la princesse alla plus d'une fois pleurer avec elle, et chez elle, dans des voyages de Marly, le prochain départ de son mari et les premiers jours de son absence, et quelquefois Mme de Maintenon avec elle. La cour riait, si les larmes étaient pour lui ou pour Nangis, cela était douteux ; mais Nangis toutefois, réveillé par cette concurrence, jeta Mme de la Vrillière dans d'étranges douleurs, et dans une humeur dont elle ne fut point maîtresse. Ce tocsin se fit entendre à Maulévrier. De quoi ne s'avise pas un homme que l'amour ou l'ambition possède à l'excès ? Il fit le malade de la poitrine, se mit au lit, fit semblant d'avoir perdu la voix, et sut être assez maître de soi pour qu'il ne lui échappât pas un mot à voix intelligible pendant plus d'un an, et, par là, ne fit point la campagne [5], et demeura à la cour. Il fut assez fou pour conter ce projet et bien d'autres au duc de Lorge, son ami, par qui, dans le temps même, je le sus. Le fait était que, se mettant ainsi dans la nécessité de ne parler jamais à personne qu'à l'oreille, il se donnait la liberté de parler de même à Mme la duchesse de Bourgogne devant toute la cour, sans indécence, et sans soupçon que ce fût en secret. De cette sorte, il lui disait tout ce qu'il voulait tous les jours, et il prenait son temps de manière qu'il n'était point entendu, et que, parmi des choses communes, dont les réponses se faisaient

1. « Familiarités particulières » (Littré). — 2. Tessé. — 3. Rendre : « remettre à son adresse » (Littré). — 4. De Mme Quantin. — 5. Militaire.

tout haut, il en mêlait d'autres dont les réponses courtes se ménageaient [1] de façon qu'elles ne pouvaient être entendues que de lui. Il avait tellement accoutumé le monde à ce manège, qu'on n'y prenait plus garde, sinon pour le plaindre d'un si fâcheux état ; mais il arrivait pourtant que ce qui approchait le plus de Mme la duchesse de Bourgogne en savait assez pour ne s'empresser pas autour d'elle quand Maulévrier s'en approchait pour lui parler. Ce même manège dura plus d'un an, souvent en reproches ; mais les reproches réussissent rarement en amour. La mauvaise humeur de Mme de la Vrillière le tourmentait : il croyait Nangis heureux [2], et il voulait qu'il ne le fût pas. Enfin, la jalousie et la rage le transportèrent au point d'hasarder une extrémité de folie. Il alla à la tribune [3] sur la fin de la messe de Mme la duchesse de Bourgogne. En sortant, il lui donna la main, et prit un jour [4] qu'il savait que Dangeau, chevalier d'honneur, était absent. Les écuyers, soumis au premier écuyer son beau-père, s'étaient accoutumés à lui céder cet honneur à cause de sa voix éteinte, pour le laisser parler en chemin, et se retiraient par respect pour ne pas entendre. Les dames suivaient toujours de loin : tellement qu'en pleins appartements et au milieu de tout le monde, il avait, depuis la chapelle jusqu'à l'appartement de Mme la duchesse de Bourgogne, la commodité du tête-à-tête, qu'il s'était donné plusieurs fois. Ce jour-là, il chanta pouille [5] sur Nangis à la princesse, l'appela par toutes sortes de noms, la menaça de tout faire savoir au Roi, à Mme de Maintenon, au prince son mari, lui serra les doigts à les lui écraser, en furieux [6], et la conduisit de la sorte jusque chez elle. En arrivant, tremblante et prête à s'évanouir, elle entra tout de suite dans sa garde-robe, et y appela Mme de Nogaret, qu'elle appelait *sa petite bonne*, et à qui elle allait volontiers au conseil, quand elle ne savait plus où elle en était. Là, elle lui raconta ce qui venait de lui arriver,

1. Ménager : « préparer avec adresse » (Littré). — 2. Être heureux : « obtenir les dernières faveurs d'une femme » (Littré). — 3. De la chapelle. — 4. Fixa « un jour pour faire quelque chose » (Littré). — 5. Fit des reproches, — 6. « Qui est en proie à une sorte de folie violente » (Littré).

et lui dit qu'elle ne savait comment elle n'était pas rentrée sous les parquets, comment elle n'en était pas morte, comment elle avait pu arriver jusque chez elle. Jamais elle ne fut si éperdue. Le même jour, Mme de Nogaret le conta à Mme de Saint-Simon et à moi, dans le dernier secret et la dernière confiance. Elle conseilla à la princesse de filer doux avec un fou si dangereux, et si fort hors de tout sens [1] et de toute mesure, et toutefois d'éviter sur toutes choses de se commettre [2] avec lui. Le pis fut qu'au partir de là il menaça, dit force choses sur Nangis, comme un homme qui en était vivement offensé, qui était résolu d'en tirer raison et de l'attaquer partout. Quoique il n'en dît pas la cause, elle était claire. On peut juger de la frayeur qu'en conçut la princesse, de la peur et des propos de Mme de la Vrillière, et de ce que devint Nangis. Il était brave de reste [3] pour n'en craindre personne et prêter le collet à [4] quiconque ; mais, le prêter sur pareil sujet, il en pâmait d'effroi : il voyait sa fortune [5] et

---

- **Une liaison**

① Les on-dit : se demander pourquoi l'auteur détaille son « service de renseignements » (p. 88, l. 51-58); remarquer sa rapidité de transmission.

② Un drame : montrer le passage du vaudeville (situation, imbroglio, réactions en chaîne, effets variés) à la tragédie (personnage mené au bout de son destin, engrenage fatal du quiproquo, catastrophe finale) avec des ressorts psychologiques (motivation).

③ Du romanesque : le déceler dans la psychologie de Maulévrier (ses antécédents, son ménage, ses remords) et dans les sentiments (amour de tête à base d'ambition et de jalousie chez les deux galants).

④ La mise en œuvre : en étudier les expressions pittoresques, le *tempo* narratif et la composition avec ses digressions.

⑤ Sur les pages 82-93, fonder une étude approfondie de l'art du récit chez Saint-Simon (distance ou participation du lecteur; tableau statique ou dramatisation animée; restitution de l'atmosphère) et de ses moyens.

---

1. Bon sens, raison. — 2. « S'exposer » (Littré). — 3. Plus qu'il ne fallait. — 4. « Se battre avec » (Littré). — 5. Situation.

des suites affreuses entre les mains d'un fou furieux. Il prit le parti de l'éviter avec le plus grand soin qu'il put, de paraître peu, et de se taire. Mme la duchesse de Bourgogne vivait dans des mesures et des transes mortelles, et cela dura plus de six semaines de la sorte, sans que pourtant elle en ait eu autre chose que l'extrême peur. Je n'ai point su ce qui arriva, ni qui avertit Tessé ; mais il le fut [1], et fit un trait d'habile homme. Il persuada son gendre de le suivre en Espagne, où il lui fit voir les cieux ouverts [2] pour lui. Il parla à Fagon [3], qui, du fond de sa chambre et du cabinet du Roi, voyait tout et savait tout. C'était un homme d'infiniment d'esprit, et, avec cela, un bon et honnête homme : il entendit à demi-mot, et fut d'avis qu'après tous les remèdes que Maulévrier avait tentés pour son extinction de voix et sa poitrine, il n'y avait plus pour lui que l'air des pays chauds ; que l'hiver où on allait entrer le tuerait infailliblement en France, et lui serait salutaire dans un pays où cette saison est une des plus belles et des plus tempérées de l'année. Ce fut donc sur le pied de remède, et comme l'on va aux eaux, que Maulévrier alla en Espagne. Cela fut donné ainsi à toute la cour, et au Roi, à qui Fagon persuada ce qu'il voulut par des raisonnements de médecine, où il ne craignit point de contradicteur entre le Roi et lui, et à Mme de Maintenon tout de même [4], qui, l'un et l'autre, le prirent pour bon, et ne se doutèrent de rien. Sitôt que la parole en fut lâchée, Tessé n'eut rien de plus pressé que de tirer son gendre de la cour et du Royaume... [1704]

(II, 388-393.)

[...] [1706] Là [5], déchiré de mille sortes de rages d'amour, qui était venu à force de le faire [6], de jalousie, d'ambition, sa tête se troubla au point qu'il fallut appeler des médecins et ne le laisser voir qu'aux personnes indispensables, et encore aux heures où il était le moins mal. Cent visions lui passaient par la tête.

1. *Il fut* averti. — 2. De brillantes perspectives. — 3. Médecin du Roi, fort influent. — 4. Également. — 5. A Paris, où Maulévrier est revenu. — 6. *Amour* qui avait pris consistance à force d'avoir été représenté.

Tantôt comme enragé, il ne parlait que d'Espagne, que de Mme la duchesse de Bourgogne, que de Nangis, qu'il voulait tuer, d'autres fois le faire assassiner ; tantôt, plein de remords sur l'amitié de Mgr le duc de Bourgogne, à laquelle il manquait si [1] essentiellement, il faisait des réflexions si curieuses à entendre, qu'on n'osait demeurer avec lui, et qu'on le laissait seul. D'autres fois, doux, détaché du monde, plein des idées qui lui étaient restées de sa première éducation ecclésiastique, ce n'était que désirs de retraite et de pénitence. Alors il lui fallait un confesseur pour le remettre sur ses désespoirs de la miséricorde de Dieu. Souvent encore il se croyait bien malade et prêt à mourir. Le monde cependant, et jusqu'à ses plus proches se persuadaient que tout cela n'était qu'un jeu, et, dans l'espérance d'y mettre fin, ils lui déclarèrent qu'il passait pour fou dans le monde, et qu'il lui importait infiniment de sortir d'un état si bizarre, et de se montrer. Ce fut le dernier coup, qui l'accabla. Outré de fureur de sentir que cette opinion ruinait sans ressource tous les desseins de son ambition, sa passion dominante, il se livra au désespoir. Quoique veillé avec un extrême soin par sa femme, par quelques amis très-particuliers [2], et par ses domestiques, il fit si bien que, le vendredi saint de cette année, il se déroba un moment d'eux tous sur les huit heures du matin, entra dans un passage derrière son appartement, ouvrit la fenêtre, se jeta dans la cour, et s'y écrasa la tête contre le pavé. Telle fut la catastrophe d'un ambitieux à qui les plus folles et les plus dangereuses passions, parvenues au comble, renversèrent la tête, et lui ôtèrent la vie, tragique victime de soi-même.

(II, 590-591.)

1. Faisait tort. — 2. Intimes.

2 *LA CABALE DE MEUDON*

Elle doit son nom au château personnel de Mgr le Grand Dauphin, et groupe autour de ce dernier, contre son propre fils le duc de Bourgogne, les partisans du duc de Vendôme, le fameux général.

Vendôme (1654-1712) Il était d'une taille ordinaire pour la hauteur, un peu gros, mais vigoureux, fort, et alerte ; un visage fort noble et l'air haut, de la grâce naturelle dans le maintien et dans la parole, beaucoup d'esprit naturel, qu'il n'avait jamais cultivé, une énonciation facile, soutenue d'une hardiesse naturelle, qui se tourna depuis en audace la plus effrénée ; beaucoup de connaissance du monde [1], de la cour, des personnages successifs, et, sous une apparente incurie, un soin et une adresse continuelle à en profiter en tout genre ; surtout admirable courtisan, et qui sut tirer avantage jusque de ses plus grands vices à l'abri du faible du Roi pour sa naissance [2] ; poli par art [3], mais avec un choix et une mesure avare, insolent à l'excès dès qu'il crut le pouvoir oser impunément, et, en même temps, familier et populaire avec le commun par une affectation qui voilait sa vanité et le faisait aimer du vulgaire ; au fonds, l'orgueil même, et un orgueil qui voulait tout, qui dévorait tout. A mesure que son rang s'éleva et que sa faveur augmenta, sa hauteur, son peu de ménagement, son opiniâtreté jusqu'à l'entêtement, tout cela crût à proportion, jusqu'à se rendre inutile toute espèce d'avis et se rendre inaccessible qu'à [4] un nombre très-petit de familiers, et à ses valets. La louange, puis l'admiration, enfin l'adoration, furent le canal unique par lequel on pût approcher ce demi-dieu, qui soutenait des thèses ineptes sans que personne osât, non pas

---

1. Des usages, du savoir-vivre. — 2. « Origine par le sang » (Littré). Vendôme descendait d'Henri IV par bâtardise, et l'on sait la préférence de Louis XIV pour ses propres bâtards. — 3. « Adresse dans les moyens employés » (Littré). — 4. Sinon à.

contredire, mais ne pas approuver. Il connut et abusa plus que personne de la bassesse du Français. Peu à peu il accoutuma les subalternes, puis, de l'un à l'autre, toute son armée, à ne l'appeler plus que *Monseigneur* et *Votre Altesse*. [...] Ce qui est prodigieux à qui a connu le Roi galand aux dames une si longue partie de sa vie, dévot l'autre, souvent avec importunité pour autrui, et, dans toutes ces deux parties de sa vie, plein d'une juste, mais d'une singulière horreur pour tous les habitants de Sodome [1], et jusqu'au moindre soupçon de ce vice, M. de Vendôme y fut plus salement plongé toute sa vie que personne, et si publiquement, que lui-même n'en faisait pas plus de façon que de la plus légère et de la plus ordinaire galanterie [2], sans que le Roi, qui l'avait toujours su, l'eût jamais trouvé mauvais, ni qu'il en eût été moins bien avec lui. [...] Sa paresse était à un point qui ne se peut concevoir : il a pensé être enlevé [3] plus d'une fois pour s'être opiniâtré dans un logement plus commode, mais trop éloigné, et risqué les succès de ses campagnes, donné même des avantages considérables à l'ennemi, par ne se pouvoir [4] résoudre à quitter un camp où il se trouvait logé à son aise [5]. Il voyait peu à l'armée par lui-même ; il s'en fiait à ses familiers, que très souvent encore il n'en

---

- **Vendôme**

① Un portrait moraliste : Saint-Simon ne dépeint pas le physique, mais le suggère à partir de l'allure générale; dégager sa démarche, du prestige (apparence) à l'ignominie (réalité, pour l'auteur), et l'importance de l'analyse; étudier l'art des formules heureuses (pp. 94-95).

② Les bienséances : montrer qu'elles empêchent l'auteur de voir le bien-fondé possible de la thèse *inepte* de Vendôme (p. 96, l. 59-61), pourtant proche de La Rochefoucauld, mais ne l'empêchent pas de recourir aux détails répugnants (apprécier et discuter la justification qu'il en donne, et qui repose sur le goût du frappant et le désir d'expressivité; cf. le *Gnathon* de La Bruyère).

---

1. Les hommes qui pratiquent la sodomie. — 2. Liaison amoureuse. — 3. Failli *être enlevé* par l'ennemi. — 4. *Par* le fait de *ne pouvoir se...* — 5. Voir *Audenarde*, p. 97 et suiv.

croyait pas. Sa journée, dont il ne pouvait troubler l'ordre ordinaire, ne lui permettait guères de faire autrement. Sa saleté était extrême ; il en tirait vanité : les sots le trouvaient un homme simple. Il était plein de chiens et de chiennes dans son lit, qui y faisaient leurs petits à ses côtés. Lui-même ne s'y contraignait de rien. Une de ses thèses était que tout le monde en usait de même, mais n'avait pas la bonne foi d'en convenir comme lui ; il le soutint un jour à Mme la princesse de Conti, la plus propre personne du monde et la plus recherchée dans sa propreté. Il se levait assez tard à l'armée, se mettait sur sa chaise percée [1], y faisait ses lettres et y donnait ses ordres du matin. Qui [2] avait affaire à lui, c'est-à-dire pour les officiers généraux et les gens distingués, c'était le temps de lui parler. Il avait accoutumé l'armée à cette infamie. Là, il déjeunait à fonds, et souvent avec deux ou trois familiers, rendait [3] d'autant, soit en mangeant, soit en écoutant, ou en donnant ses ordres ; et toujours force spectateurs debout. Il faut passer ces honteux détails pour le bien connaître. Il rendait [3] beaucoup ; quand le bassin était plein à répandre, on le tirait et on le passait sous le nez de toute la compagnie pour l'aller vuider, et souvent plus d'une fois. Les jours de barbe, le même bassin dans lequel il venait de se soulager servait à lui faire la barbe. C'était une simplicité de mœurs, selon lui, digne des premiers Romains, et qui condamnait tout le faste et le superflu des autres. Tout cela fini, il s'habillait, puis jouait gros jeu au piquet ou à l'hombre [4] ; ou, s'il fallait absolument monter à cheval pour quelque chose, c'en était le temps. L'ordre donné au retour, tout était fini chez lui. Il soupait avec ses familiers largement : il était grand mangeur, d'une gourmandise extraordinaire, ne se connaissait à aucun mets, aimait fort le poisson, et mieux le passé [5], et souvent le puant, que le bon. La table se prolongeait en thèses [6], en disputes [7], et, par-dessus tout, louanges, éloges, hommages toute la jour-

1. « Siège garni d'un vase (bassin) pour les besoins naturels » (Littré). — 2. Pour *qui*... — 3. Rendre : « rejeter par les voies naturelles » (Littré). — 4. Jeux de cartes. — 5. « Qui a perdu sa fraîcheur » (Littré). — 6. Sujets de discussion. — 7. Discussions.

née et de toutes parts. Il n'aurait pardonné le moindre blâme à personne : il voulait passer pour le premier capitaine de son siècle, et parlait indécemment du prince Eugène[1] et de tous les autres ; la moindre contradiction eût été un crime. Le soldat et le bas officier l'adoraient pour sa familiarité avec eux et la licence[2] qu'il tolérait pour s'en gagner les cœurs, dont il se dédommageait par une hauteur sans mesure avec tout ce qui était élevé en grade ou en naissance.

(II, 573-575.)

Audenarde (1708) *Défaite en Flandre, dont Saint-Simon impute la responsabilité à Vendôme, et Vendôme au duc de Bourgogne, qui commandait sous ses ordres.*

Il paraissait aisé de profiter de deux conquêtes si facilement faites[3] en passant l'Escaut, brûlant Audenarde, barrant le pays aux ennemis, rendant toutes leurs subsistances très difficiles, et les nôtres, très abondantes, venant par eau et par ordre dans un camp qui ne pouvait être attaqué. M. de Vendôme convenait de tout cela, et n'alléguait aucune raison contraire ; mais, pour exécuter ce projet si aisé, il fallait remuer de sa place, et aller occuper ce camp : toute la difficulté se renfermait à la paresse personnelle de M. de Vendôme, qui, à son aise dans son logis, voulait en jouir tant qu'il pourrait, et soutenait que ce mouvement, dont on était maître, serait tout aussi bon différé[4]. Mgr le duc de Bourgogne, soutenu de toute l'armée, et jusque par les plus confidents de Vendôme, lui représentèrent vainement que, puisque, de son propre avis, ce qui était proposé était le seul bon parti à prendre, il valait mieux pris qu'à prendre, qu'il n'y avait aucun inconvénient à le faire, qu'il s'en pouvait trouver à différer et à hasarder d'y être prévenu[5], qui[6], de l'aveu même de Vendôme, serait un inconvénient très fâcheux. Vendôme craignait la fatigue des

1. De Savoie (1663-1736), chef des armées impériales (allemandes). — 2. « Trop grande liberté » (Littré). — 3. Prise de Gand et Bruges sans coup férir. — 4. Différer : « renvoyer à un autre temps » (Littré). — 5. Devancé. — 6. Ce *qui*...

marches et des changements de logis : cela renversait le repos de ses journées, que j'ai décrit ailleurs ; il regrettait toujours les aises qu'il quittait. Ces considérations furent les plus fortes. Marlborough [1] voyait clairement que Vendôme n'avait du tout [2] de bon et d'important à faire que ce mouvement, ni lui que de tenter de l'empêcher. Pour le faire, Vendôme suivait la corde [3], qui était très courte ; pour l'empêcher, Marlborough avait à marcher sur l'arc [4], fort étendu et courbé, c'est-à-dire vingt-cinq lieues à faire, contre [5] Vendôme six au plus. Les ennemis se mirent en marche avec tant de diligence et de secret, qu'ils en dérobèrent trois forcées [6] sans que Vendôme en eût ni avis ni soupçon, quoique partis de fort proche de lui. Averti enfin, il méprisa l'avis suivant sa coutume, puis s'assura [7] qu'il les devancerait en marchant le lendemain matin. Mgr le duc de Bourgogne le pressa de marcher dès le soir. Ceux qui l'osèrent lui en reprétèrent la nécessité et l'importance : tout fut inutile, malgré les avis redoublés à tous moments de la marche [8] des ennemis. La négligence se trouva telle, qu'on n'avait pas seulement songé à jeter des ponts sur un ruisseau qu'il fallait passer presque à la tête du camp ; on dit qu'on y travaillerait toute la nuit. Biron, maintenant duc et pair et doyen des maréchaux de France, avait pensé être mis auprès de la personne de M. le duc de Berry cette campagne. Il était lieutenant général, commandait une des deux réserves, et il était à quelque distance du camp, d'où il y communiquait d'un côté, et, de l'autre, à un corps [9] détaché plus loin. Ce même soir, il reçut ordre de se faire rejoindre par ce corps plus éloigné, et de le ramener avec le sien à l'armée. En approchant du camp, il trouva un ordre de s'avancer sur l'Escaut, vers où l'armée allait s'ébranler pour le passer. Arrivé [10] à ce ruisseau où on achevait les ponts, et dont j'ai parlé,

1. Jean Churchill, duc de *Marlborough* (1650-1722), celui qui « s'en va-t-en guerre »; chef militaire et politique (*whig*) anglais. — 2. « Absolument » (Littré). — 3. « Ligne droite qui joint les deux extrémités d'un arc » (Littré). — 4. « Portion de ligne courbe » (Littré). — 5. Au contraire de...; cf. « deux chances *contre* une ». — 6. Marches « plus rapides ou plus prolongées que la marche ordinaire » (Littré). — 7. S'assurer : « être persuadé» (Littré). — 8. Complément du nom *avis*. — 9. De troupe. — 10. Se rapporte à Biron (*lui*), non à Motet.

Motet, capitaine des guides fort entendu[1], lui apprit les nouvelles qui avaient enfin fait prendre la résolution de marcher. Alors, quelque accoutumé que fût Biron à M. de Vendôme par la campagne précédente, il ne put s'empêcher d'être étrangement surpris de voir que ces ponts non encore achevés ne le fussent pas dès longtemps, et de voir encore tout tendu[2] dans l'armée : il se hâta de traverser ce ruisseau, d'arriver à l'Escaut, où les ponts n'étaient pas faits encore, de le passer comme il put, et de gagner les hauteurs au delà. Il était environ deux heures après-midi du mercredi 11 juillet, lorsqu'il les eut reconnues[3], et qu'il vit en même temps toute l'armée des ennemis, les queues de leurs colonnes à Audenarde, où ils avaient passé l'Escaut, et leurs têtes prenant un tour, et faisant contenance de venir sur lui. Il dépêcha un aide de camp aux princes et à M. de Vendôme, pour les en informer et demander leurs ordres, qui les trouva pied à terre et mangeant un morceau. Vendôme, piqué de l'avis si différent de ce qu'il s'était si opiniâtrément promis, se mit à soutenir qu'il ne pouvait être véritable. Comme il disputait là-dessus avec grande chaleur, arriva un officier par qui Biron envoyait confirmer le fait, qui ne fit qu'irriter et opiniâtrer Vendôme de plus en plus. Un troisième avis confirmatif de Biron le fit emporter[4], et pourtant se lever de table, ou de ce qui en servait, avec dépit, et monter à cheval, en maintenant toujours qu'il faudrait donc que les diables les eussent portés là, et que cette diligence était impossible. Il renvoya le premier aide de camp arrivé dire à Biron qu'il chargeât les ennemis, et qu'il serait tout à l'heure[5] à lui pour le soutenir avec des troupes. Il dit aux princes de suivre doucement avec le gros de l'armée tandis qu'il allait prendre la tête des colonnes et se porter vers Biron le plus légèrement qu'il pourrait. Biron cependant posta ce qu'il avait de troupes le mieux qu'il put dans un terrain fort inégal et fort coupé[6], occupant un village et des haies, et bordant

1. « Qui a l'intelligence d'une chose » (Littré). — 2. Toutes tentes dressées. — 3. Eut examiné en détail ces hauteurs. — 4. S'*emporter*. — 5. « Tout de suite » (Littré). — 6. ... de cours d'eau, ce qui le rendait aussi défavorable.

un ravin profond et escarpé : après quoi, il se mit à visiter sa droite, et vit la tête de l'armée ennemie très proche de lui. Il eut envie d'exécuter l'ordre qu'il venait de recevoir de charger, moins dans aucune espérance qu'il conçût d'un combat si étrangement disproportionné, que pour se mettre à couvert des propos d'un général sans mesure, et si propre à rejeter sur lui, et sur n'avoir pas [1] exécuté ses ordres, toutes les mauvaises suites qui se prévoyaient déjà. Dans ces moments de perplexité, arriva Puységur avec le campement, qui, après avoir reconnu de quoi il s'agissait, conseilla fort à Biron de se bien garder d'engager un combat si fort [2] à risquer. Quelques moments après survint le maréchal de Matignon, qui, sur l'inspection des choses et le compte que Biron lui rendit de l'ordre qu'il avait reçu de charger, lui défendit très expressément de l'exécuter, et le prit même sur lui [3]. Tandis que cela se passait, Biron entendit un grand feu [4] sur sa gauche au delà du village. Il y courut, et y trouva un combat d'infanterie engagé : il le soutint de son mieux avec ce qu'il avait de troupes, pendant que, plus encore sur la gauche, les ennemis gagnaient du terrain. Le ravin, qui était difficile, les arrêta, et donna le temps d'arriver à M. de Vendôme. Ce qu'il amenait de troupes était hors d'haleine ; à mesure qu'elles arrivèrent, elles se jetèrent dans les haies, presque toutes en colonne, comme elles venaient, et soutinrent ainsi l'effort des ennemis et d'un combat qui s'échauffa sans qu'il y eût moyen de les ranger en aucun ordre : tellement que ce ne fut jamais que les têtes des colonnes qui, chacune par son trou, et occupant ainsi chacune un très petit terrain, combattirent les ennemis, lesquels, étendus en ligne et en ordre, profitèrent du désordre de nos troupes essoufflées et de l'espace vide laissé des deux côtés de ces têtes de colonnes, qui ne se remplissait qu'à mesure que d'autres têtes arrivaient, aussi hors d'haleine que les premières. Elles se trouvaient vivement chargées en arrivant et doublant [5] et s'étendant

1. Le fait de n'*avoir pas*... — 2. « Redoutable » (Littré). — 3. En *prit* la responsabilité. — 4. « Décharges d'armes à feu » (Littré). — 5. ... les rangs.

à côté des autres, qu'elles renversaient[1] souvent, et les réduisaient, par le désordre de l'arrivée, à se rallier derrière elles, c'est-à-dire derrière d'autres haies, parce que la diligence avec laquelle nos troupes s'avançaient, jointe aux coupures du terrain, causaient une confusion dont elles ne se pouvaient débarrasser. Il en naissait encore l'inconvénient de longs intervalles entre elles, et que les pelotons étaient repoussés bien loin avant qu'ils pussent être soutenus par d'autres, qui, survenant avec le même désordre, ne faisaient que l'augmenter, sans servir beaucoup aux premiers arrivés à se rallier derrière eux à mesure qu'ils se présentaient au combat. La cavalerie et la maison[2] du Roi se trouvèrent mêlées avec l'infanterie : ce qui combla la confusion au point que nos troupes se méconnurent les unes les autres. Cela donna loisir aux ennemis de combler le ravin de fascines assez pour pouvoir le passer, et, à la queue de leur armée, de faire un grand tour par notre droite pour en gagner la tête et prendre en flanc ce qui s'y était le plus étendu et avait essuyé moins de feu et de confusion dans ce terrain moins coupé que l'autre. Vers cette même droite étaient les princes, qu'on avait longtemps arrêtés au moulin de Royenghem-Capel pour voir cependant[3] plus clair à ce combat si bizarre et si désavantageusement enfourné. Dès que nos troupes de cette droite en virent fondre sur elles de beaucoup plus nombreuses, et qui les prenaient par leur flanc, elles ployèrent vers leur gauche avec tant de promptitude, que les valets de la suite de tout ce qui accompagnait les princes tombèrent sur eux avec un effroi, une rapidité, une confusion, qui les entraînèrent avec une extrême vitesse, et beaucoup d'indécence et de hasard, au gros de l'action à la gauche. Ils[4] s'y montrèrent partout, et aux endroits les plus exposés, y montrèrent une grande et naturelle valeur[5], et beaucoup de sang-froid parmi leur douleur de voir une situation si fâcheuse, encourageant les troupes, louant les officiers[6], demandant aux principaux ce qu'ils

1. Renverser : « déranger, mettre en déroute » (Littré). — 2. « Garde de la personne du souverain » (Littré). — 3. Entre temps. — 4. Les princes. — 5. Bravoure. — 6. Cf. Flaminius à Trasimène, chez Tite-Live.

jugeaient qu'on dût faire, et disant à M. de Vendôme ce qu'eux-mêmes pensaient. L'inégalité du terrain que les ennemis trouvèrent en avançant après avoir poussé notre droite donna à cette droite le temps de se reconnaître, de se rallier, et, malgré ce grand ébranlement, pour n'en rien dire de plus, de leur résister ; mais cet effort fut de peu de durée. Chacun avait rendu des combats particuliers de toutes parts, chacun se trouvait épuisé de lassitude et du désespoir du succès parmi une confusion si générale et si inouïe. La maison du Roi dut son salut à la méprise d'un officier des ennemis qui porta un ordre aux troupes rouges, les prenant pour des leurs ; il fut pris, et, voyant qu'il allait partager le péril avec elles, il les avertit qu'elles allaient être enveloppées, et leur montra la disposition qui s'en faisait ; ce qui fit retirer la maison du Roi un peu en désordre. Il [1] augmentait de moment en moment. Personne ne reconnaissait sa troupe : toutes étaient pêle-mêle, cavalerie, infanterie, dragons [2] ; pas un bataillon, pas un escadron ensemble, et tous en confusion les uns sur les autres. La nuit tombait, on avait perdu un terrain infini, la moitié de l'armée n'avait pas achevé d'arriver : dans une situation si triste, les princes consultèrent avec M. de Vendôme ce qu'il y avait à faire, qui, de fureur de s'être si cruellement mécompté, brusquait tout le monde. Mgr le duc de Bourgogne voulut parler ; mais Vendôme, enivré d'autorité et de colère, lui ferma à l'instant la bouche en lui disant d'un ton impérieux, devant tout le monde, qu'il se souvînt qu'il n'était venu à l'armée qu'à condition de lui obéir. Ces paroles énormes, et prononcées dans les funestes moments où on sentait si horriblement le poids de l'obéissance rendue à sa paresse et à son opiniâtreté, et qui, par le délai de décamper [3], était cause de ce désastre, firent frémir d'indignation tout ce qui l'entendit. Le jeune prince à qui elles furent adressées y chercha une plus difficile victoire que celle qui se remportait actuellement par les ennemis sur lui : il sentit qu'il n'y avait point de milieu entre les dernières extrémités et l'entier silence, et fut assez maître de soi pour le

1. Le *désordre*. — 2. Infanterie montée. — 3. « Lever le camp » (Littré).

garder. Vendôme se mit à pérorer sur ce combat, à vouloir montrer qu'il n'était point perdu, à soutenir que, la moitié de l'armée n'ayant pas combattu, il fallait tourner toutes ses pensées à recommencer le lendemain matin, et, pour cela, profiter de la nuit, rester dans les mêmes postes où on était, et s'y avantager au mieux qu'on pourrait. Chacun écouta en silence un homme qui ne voulait pas être contredit, et qui venait de faire un exemple, aussi coupable qu'incroyable dans[1] l'héritier nécessaire de la couronne, de quiconque hasarderait autre chose que des applaudissements. Le silence dura donc sans que personne osât proférer une parole, jusqu'à ce que le comte d'Évreux le rompit pour louer M. de Vendôme, dont il était cousin germain et fort protégé : on en fut un peu surpris, parce qu'il n'était que maréchal de camp. Il venait cependant des avis de tous côtés que le désordre était extrême. Puységur,

---

- **Audenarde** (pp. 97-104)

① Un éreintement; étudier l'art de mettre quelqu'un dans son tort : contraste entre les incitations à l'action et la paresse de Vendôme; insistance sur les mérites militaires des autres et leur méfiance envers les directives de Vendôme; responsabilité de ce dernier dans l'inefficacité du combat.

② La partialité : envisager une autre optique que celle de l'auteur; l'accusation de Vendôme envers le duc de Bourgogne est-elle gratuite (voir p. 102, l. 173 : *et disant...*)? La justification morale des princes par l'auteur compense-t-elle leur incapacité militaire? Comment interpréter la dérobade finale de Vendôme?

③ Une confrontation : Vendôme et le duc de Bourgogne pp. 102 et 103, l. 198 à 217, l. 223); montrer, face à la supériorité morale du second, la supériorité du premier comme personnage de grand format.

④ La mise en œuvre : étudier le rôle de la durée dans cet épisode (succession cumulative des avis), l'analyse de la mécanique de l'inefficacité dans le combat et l'impression de hasard dans le cours de ce dernier (du côté français).

⑤ Sur les pages 94-106, établir une confrontation entre le portrait moraliste et le portrait en action.

---

1. Envers.

arrivant de vers la maison du Roi, en fit un récit qui ne laissa aucun raisonnement libre [1], et que le maréchal de Matignon osa appuyer. Souternon, venant d'un autre côté, rendit un compte semblable. Enfin Chéladet et Puiguion, survenu chacun d'ailleurs, achevèrent de presser une résolution. Vendôme, ne voyant plus nulle apparence de résister davantage à tant de convictions, et poussé à bout de rage : « Oh bien ! s'écria-t-il, Messieurs, je vois bien que vous le voulez tous ; il faut donc se retirer ! Aussi bien, ajouta-t-il en regardant Mgr le duc de Bourgogne, il y a longtemps, Monseigneur, que vous en avez envie. » Ces paroles, qui ne pouvaient manquer d'être prises dans un double sens, et qui furent par la suite appesanties, furent prononcées exactement telles que je les rapporte, et assenées, de plus, de façon que pas un des assistants ne se méprit à la signification que le général leur voulut faire exprimer. Les faits sont simples, ils parlent d'eux-mêmes : je m'abstiens de commentaires, pour ne pas interrompre le reste de l'action. Mgr le duc de Bourgogne demeura dans le parfait silence, comme il avait fait la première fois, et tout le monde à son exemple, en diverses sortes d'admirations [2] muettes. Puységur le rompit à la fin pour demander comment on entendait [3] de faire la retraite. Chacun parla confusément. Vendôme, à son tour, garda le silence, ou de dépit ou d'embarras ; puis il dit qu'il fallait marcher à Gand, sans ajouter comment, ni aucune autre chose.

(II, 1087-1093.)

Retour du duc de Bourgogne *Victime d'une intense campagne de calomnies à la cour, le duc de Bourgogne trouve un réconfort relatif dans l'accueil qu'il y reçoit de la part du Roi son grand-père.*

Sitôt que, de chez Mme de Maintenon, on entendit la rumeur qui précède de quelques instants ces sortes d'arrivées, le Roi s'embarrassa jusqu'à changer diverses

1. « Qui a le pouvoir de se déterminer dans un sens ou dans un autre » (Littré). — 2. Étonnements. — 3. Comptait.

fois de visage. Mme la duchesse de Bourgogne parut un peu tremblante, et voltigeait par la chambre pour cacher son trouble, sous prétexte d'incertitude par où le prince arriverait, du grand cabinet ou de l'antichambre ; Mme de Maintenon était rêveuse. Tout d'un coup, les portes s'ouvrirent : le jeune prince s'avança au Roi, qui, maître de soi plus que qui que ce fût, perdit à l'instant tout embarras, fit un pas ou deux vers son petit-fils, l'embrassa avec assez de démonstration de tendresse, lui parla de son voyage ; puis, lui montrant la princesse : « Ne lui dites-vous rien ? » ajouta-t-il d'un visage riant. Le prince se tourna un moment vers elle, et répondit respectueusement comme n'osant se détourner du Roi, et sans avoir remué de sa place. Il salua ensuite Mme de Maintenon, qui lui fit fort bien [1]. Ces propos de voyage, de couchées, de chemins, durèrent ainsi, et tous debout, un demi-quart d'heure. Puis, le Roi lui dit qu'il n'était pas juste de lui retarder plus longtemps le plaisir qu'il aurait d'être avec Mme la duchesse de Bourgogne, et le renvoya, ajoutant qu'ils auraient loisir de se revoir.

(II, 1217-1218.)

Disgrâce de Vendôme (1709) *Défaite momentanée de la cabale, qui se regroupe exclusivement autour du Grand Dauphin et abandonne Vendôme, tombé en disgrâce à la cour.*

Il revint de là à Anet, se fixer dans un abandon universel. Dans ce délaissement, dans cette exclusion de tout si éclatante et si publique, incapable de soutenir [2] une chute si parfaite [3] après une si longue habitude d'atteindre à tout et de pouvoir tout, d'être l'idole du monde, de la cour, des armées, d'y faire adorer jusqu'à ses vices et admirer ses plus grandes fautes, canoniser tous ses défauts, d'oser concevoir le prodigieux dessein de perdre et d'anéantir l'héritier nécessaire de la couronne [4] sans avoir jamais reçu de lui que des marques

1. Fort « bon accueil » (Littré). — 2. « Endurer avec une suffisante fermeté » (Littré). — 3. « Complet, total » (Littré). — 4. Le duc de Bourgogne.

de bonté, et uniquement pour s'établir sur ses ruines, et triomphé huit mois de lui avec l'éclat et le succès le plus scandaleux, on vit cet énorme colosse tomber par terre par le souffle d'une jeune princesse [1] sage et courageuse, qui en reçut les applaudissements si bien mérités. Tout ce qui tenait à elle fut charmé de voir ce dont elle était capable, et ce qui lui était opposé, et à son époux, en frémit. Cette cabale si formidable [2], si élevée, si accréditée, si étroitement unie pour les [3] perdre et régner après le Roi sous Monseigneur en leur [3] place, au hasard de se manger alors les uns les autres à qui les rênes de la cour et du Royaume demeureraient, ces chefs mâles et femelles, si entreprenants, si audacieux, et qui, par leurs succès, s'étaient tant promis de grandes choses, et dont les propos impérieux avaient tout subjugué, tombèrent dans un abattement et dans les frayeurs mortelles. C'était un plaisir de les voir rapprocher avec art et bassesse et tourner autour de ceux du parti opposé qui jugeaient y tenir quelque place, et que leur arrogance leur avait fait mépriser et haïr, surtout de voir avec quel embarras, quelle crainte, quelle frayeur ils se mirent à ramper devant la jeune princesse, tourner misérablement autour de Mgr le duc de Bourgogne et de ce qui l'approchait de plus près, et faire à ceux-là toutes sortes de souplesses.

(III, 137-138.)

Mort du Grand Dauphin (1711) *Elle sonne le glas de la cabale de Meudon, et amorce le triomphe (éphémère) de celle du duc de Bourgogne, dont Saint-Simon fait partie.*

Tous les assistants étaient des personnages vraiment expressifs ; il ne fallait qu'avoir des yeux, sans aucune connaissance de la cour, pour distinguer les intérêts peints sur les visages, ou le néant [4] de ceux qui n'étaient de rien : ceux-ci tranquilles à eux-mêmes, les autres [5] pénétrés de douleur, ou de gravité et d'attention sur

1. La duchesse de Bourgogne, appuyée par Mme de Maintenon. — 2. « Capable d'inspirer la plus grande crainte » (Littré). — 3. Renvoie au duc et à la duchesse de Bourgogne. — 4. Inconsistance, insignifiance. — 5. Partisans ou adversaires du défunt.

eux-mêmes pour cacher leur élargissement[1] et leur joie. Mon premier mouvement fut de m'informer à plus d'une fois, de ne croire qu'à peine au spectacle et aux paroles, ensuite de craindre trop peu de cause[2] pour tant d'alarme, enfin de retour sur moi-même par la considération de la misère commune à tous les hommes, et que moi-même je me trouverais un jour aux portes de la mort. La joie, néanmoins, perçait à travers les réflexions momentanées de religion et d'humanité par lesquelles j'essayais de me rappeler[3] ; ma délivrance particulière me semblait si grande et si inespérée, qu'il me semblait, avec une évidence encore plus parfaite que la vérité, que l'État gagnait tout en une telle perte. Parmi ces pensées, je sentais malgré moi un reste de crainte que le malade en réchappât, et j'en avais une extrême honte. Enfoncé de la sorte en moi-même, je ne laissai pas[4] de mander[5] à Mme de Saint-Simon qu'il était à propos qu'elle vînt, et de percer de mes regards clandestins chaque visage, chaque maintien, chaque mouvement, d'y délecter ma curiosité, d'y nourrir les idées que je m'étais formées de chaque personnage, qui ne m'ont jamais guères trompé, et de tirer de justes conjectures de la vérité de ces premiers élans dont on

---

- **La mort du Grand Dauphin (I)**

① L'analyse : montrer son caractère impitoyable lors même que l'auteur se l'applique à lui-même (aveu, cynisme et honte mêlés), et sa portée générale quand il détaille les conditions d'une curiosité efficace (l. 1-33).

② Une théorie de la révélation par le trait inattendu (p. 114, l. 255 et suiv.); voir l'application qui en est faite ici (p. 108, l. 30 et suiv.), en chercher des traces dans d'autres textes.

③ Des attitudes paradoxales : expliquer la sensibilité du cynique, le cynisme de l'homme vertueux et ce renversement des rôles (p. 108).

④ Du pittoresque : *J'étouffais de silence...* (p. 108, l. 34-36); l'étudier dans cette phrase.

---

1. « Mise à l'aise » (Littré). — 2. Une maladie non mortelle. — 3. Me faire revenir à moi-même. — 4. *Je ne* manquai *pas*. — 5. Faire dire.

est si rarement maître, et qui, par là, à qui connaît la carte [1] et les gens, deviennent des indications sûres des liaisons [2] et des sentiments les moins visibles en tous autres temps rassis [3].

(III, 815.)

J'étouffais de silence parmi les plaintes et les surprises narratives de ces dames, lorsque M. le duc d'Orléans parut à la porte du cabinet et m'appela. Je le suivis dans son arrière-cabinet en bas sur la galerie, lui près de se trouver mal, et moi les jambes tremblantes de tout ce qui se passait sous mes yeux et au dedans de moi. Nous nous assîmes par hasard vis-à-vis l'un de l'autre ; mais quel fut mon étonnement lorsque, incontinent [4] après, je vis les larmes lui tomber des yeux. « Monsieur ! » m'écriai-je en me levant dans l'excès de ma surprise. Il me comprit aussitôt et me répondit d'une voix coupée, et pleurant véritablement : « Vous avez raison d'être surpris, et je le suis moi-même ; mais le spectacle touche. C'est un bon homme avec qui j'ai passé ma vie ; il m'a bien traité et avec amitié tant qu'on [5] l'a laissé faire et qu'il a agi de lui-même. Je sens bien que l'affliction ne peut pas être longue ; mais ce sera dans quelques jours que je trouverai tous les motifs de me consoler dans l'état [6] où on [5] m'avait mis avec lui ; mais présentement le sang, la proximité [7], l'humanité, tout touche, et les entrailles s'émeuvent. » Je louai ce sentiment ; mais j'en avouai mon extrême surprise par la façon dont il était avec Monseigneur. Il se leva, se mit la tête dans un coin, le nez dedans, et pleura amèrement et à sanglots, chose que, si je n'avais vue, je n'eusse jamais crue. Après quelque peu de silence, je l'exhortai à se calmer ; je lui représentai qu'incessamment il faudrait retourner chez Mme la duchesse de Bourgogne, et que, si on l'y voyait avec des yeux pleureux, il n'y avait personne qui ne s'en moquât comme d'une comédie très déplacée, à la façon dont toute la cour savait qu'il était avec

1. « Connaissance de ce qui meut une société » (Littré). — 2. Unions d'amitié ou d'intérêt. — 3. Rendus « au calme moral » (Littré). — 4. « Aussitôt » (Littré). — 5. La cabale de Meudon. — 6. ... de mésentente. — 7. Proche parenté.

Monseigneur. Il fit donc ce qu'il put pour arrêter ses larmes, et pour bien essuyer et retaper [1] ses yeux.

(III, 816-817.)

Les deux princes, ayant chacun sa princesse à son côté, s'assirent sur un même canapé près des fenêtres, le dos à la galerie ; tout le monde épars, assis et debout, et en confusion dans ce salon, et les dames les plus familières par terre, aux pieds ou proche du canapé des princes. Là, dans la chambre, et par tout l'appartement, on lisait apertement [2] sur les visages. Monseigneur n'était plus ; on le savait, on le disait ; nulle contrainte ne retenait plus à son égard, et ces premiers moments étaient ceux des premiers mouvements peints au naturel, et pour lors affranchis de toute politique, quoique avec sagesse [3], par le trouble, l'agitation, la surprise, la foule, le spectacle confus de cette nuit si rassemblée [4]. Les premières pièces offraient les mugissements contenus des valets, désespérés de la perte d'un maître si fait exprès pour eux, et pour les consoler d'une autre [5] qu'ils ne prévoyaient qu'avec transissement, et qui, par celle-ci, devenait la leur propre [6]. Parmi eux s'en remarquaient d'autres [7] des plus éveillés de gens principaux de la cour, qui étaient accourus aux nouvelles, et qui montraient bien, à leur air, de quelle boutique ils étaient balayeurs [8]. Plus avant commençait la foule des courtisans de toute espèce. Le plus grand nombre, c'est-à-dire les sots, tiraient des soupirs de leurs talons [9], et, avec des yeux égarés [10] et secs, louaient Monseigneur, mais toujours de la même louange, c'est-à-dire de bonté, et plaignaient le Roi de la perte d'un si bon fils. Les plus fins d'entre eux, ou les plus considérables, s'inquiétaient déjà de la santé du Roi ; ils se savaient bon gré de conserver tant de jugement parmi ce trouble, et n'en

1. Rétablir en tapotant. — 2. « D'une façon ouverte » (Littré). — 3. « Modération, retenue inspirée par la raison » (Littré). — 4. « Où beaucoup d'événements se rassemblent » (Littré). — 5. La perte de Louis XIV. — 6. Parce qu'après la mort de Louis XIV et du Grand Dauphin, leur successeur, le duc de Bourgogne, ne les garderait pas à son service. — 7. Valets. — 8. A quelle cabale appartenait leur maître. — 9. S'efforçaient « de soupirer pour avoir l'air affligé » (Littré). — 10. Marquant « l'égarement, le trouble » (Littré).

laissaient pas douter par la fréquence de leurs répétitions. D'autres, vraiment affligés, et de[1] cabale frappée, pleuraient amèrement, ou se contenaient avec un effort aussi aisé à remarquer que les sanglots. Les plus forts de ceux-là, ou les plus politiques[2], les yeux fichés à terre, et reclus en des coins, méditaient profondément aux suites d'un événement si peu attendu, et bien davantage sur eux-mêmes. Parmi ces diverses sortes d'affligés, point ou peu de propos, de conversation nulle, quelque exclamation parfois échappée à la douleur, et parfois répondue[3] par une douleur voisine, un mot en un quart d'heure, des yeux sombres ou hagards, des mouvements de mains moins rares qu'involontaires, immobilité du reste[4] presque entière ; les simples curieux et peu soucieux presque nuls[5], hors les sots qui avaient le caquet en partage, les questions et le redoublement du désespoir des affligés, et l'importunité pour les autres. Ceux qui déjà regardaient cet événement comme favorable avaient beau pousser la gravité jusqu'au maintien chagrin et austère ; le tout n'était qu'un voile clair, qui n'empêchait pas de bons yeux de remarquer et de distinguer tous leurs traits. Ceux-ci se tenaient aussi tenaces en place que les plus touchés, en garde contre l'opinion, contre la curiosité, contre leur satisfaction, contre leurs mouvements ; mais leurs yeux suppléaient au peu d'agitation de leurs corps. Des changements de posture, comme des gens peu assis ou mal debout ; un certain soin de s'éviter les uns les autres, même de se rencontrer des yeux ; les accidents momentanés qui arrivaient de ces rencontres ; un je ne sais quoi de plus libre en toute la personne, à travers le soin de se tenir et de se composer ; un vif[6], une sorte d'étincelant autour d'eux, les distinguait malgré qu'ils en eussent[7]. Les deux princes et les deux princesses assises à leurs côtés, prenant soin d'eux, étaient les plus exposés à la pleine vue. Mgr le duc de Bourgogne pleurait d'atten-

---

1. Appartenant à la... — 2. Politique : « Qui est fin et adroit, prudent et réservé » (Littré). — 3. « A quoi on fait réponse » (Littré). — 4. Sous-entendu : du corps. — 5. Nul : « qui, pour ainsi dire, n'a pas d'existence » (Littré). — 6. « Quelque chose de *vif*, d'animé » (Littré). — 7. *Malgré* eux.

drissement et de bonne foi, avec un air de douceur, des larmes de nature, de religion, de patience. M. le duc de Berry, tout d'aussi bonne foi, en versait en abondance, mais des larmes pour ainsi dire sanglantes, tant l'amertume en paraissait grande, et poussait non des sanglots, mais des cris, mais des hurlements. Il se taisait parfois, mais de suffocation, puis éclatait, mais avec un tel bruit, et un bruit si fort, la trompette forcée du désespoir, que la plupart éclataient aussi à ces redoublements si douloureux, ou par un aiguillon d'amertume, ou par un aiguillon de bienséance. Cela fut au point qu'il fallut le déshabiller là même, et se précautionner de remèdes et de gens de la Faculté [1]. Mme la duchesse de Berry était hors d'elle [2] ; on verra bientôt pourquoi. Le désespoir le plus amer était peint avec horreur sur son visage ; on y voyait comme écrit une rage de douleur, non d'amitié, mais d'intérêt ; des intervalles secs, mais profonds et farouches, puis un torrent de larmes et de gestes involontaires, et cependant retenus, qui montraient une amertume d'âme extrême, fruit de la méditation profonde qui venait de précéder. Souvent réveillée par les cris de son époux, prompte à le secourir, à le soutenir, à l'embrasser, à lui présenter quelque chose à sentir, on voyait un soin vif pour lui, mais tôt après une chute profonde en elle-même, puis un torrent de larmes qui lui aidaient à suffoquer [3] ses cris. Mme la duchesse de Bourgogne consolait aussi son époux, et y avait moins de peine qu'à acquérir le besoin d'être elle-même consolée [4], à quoi pourtant, sans rien montrer de faux, on voyait bien qu'elle faisait de son mieux pour s'acquitter d'un devoir pressant de bienséance sentie, mais qui se refuse au plus grand besoin : le fréquent moucher répondait aux cris du prince son beau-frère ; quelques larmes amenées du spectacle, et souvent entretenues avec soin, fournissaient à l'art du mouchoir pour rougir et grossir les yeux et barbouiller le visage, et cependant [5]

---

1. ... de médecine. — 2. « Dans un état d'agitation extrême » (Littré), car jalouse de la duchesse de Bourgogne, devenue Dauphine. — 3. Étouffer. — 4. Acquérir une tristesse qu'elle n'éprouvait guère, ayant eu à combattre la cabale de Meudon qui attaquait son mari. — 5. Pendant ce temps.

le coup d'œil fréquemment dérobé se promenait sur l'assistance et sur la contenance de chacun. Le duc de Beauvillier, debout auprès d'eux, l'air tranquille et froid comme à chose non avenue, ou à spectacle ordinaire, donnait ses ordres pour le soulagement des princes, pour que peu de gens entrassent quoique les portes fussent ouvertes à chacun, en un mot pour tout ce qu'il était besoin, sans empressement, sans se méprendre en quoi que ce soit ni aux gens ni aux choses : vous l'auriez cru au lever [1] ou au petit couvert [2], servant à l'ordinaire. Ce flegme dura sans la moindre altération, également éloigné d'être aise par religion [3] et de cacher aussi le peu d'affliction qu'il ressentait, pour conserver toujours la vérité. Madame, rhabillée en grand habit, arriva hurlante, ne sachant bonnement pourquoi ni l'un ni l'autre, les inonda tous de ses larmes en les embrassant, fit retentir le château d'un renouvellement de cris, et fournit un spectacle bizarre d'une princesse qui se remet en cérémonie en pleine nuit pour venir pleurer et crier parmi une foule de femmes en déshabillé de nuit, presque en mascarades. Mme la duchesse d'Orléans s'était éloignée des princes, et s'était assise le dos à la galerie, vers la cheminée, avec quelques dames. Tout étant fort silencieux autour d'elle, ces dames peu à peu se retirèrent d'auprès d'elle, et lui firent grand plaisir. Il n'y resta que la duchesse Sforze, la duchesse de Villeroy, Mme de Castries, sa dame d'atour, et Mme de Saint-Simon. Ravies de leur liberté, elles s'approchèrent en un tas, tout le long d'un lit de veille à pavillon [4], et le joignant [5], et, comme elles étaient toutes affectées [6] de même à l'égard de l'événement qui rassemblait là tant de monde, elles se mirent à en deviser tout bas ensemble dans ce groupe avec liberté. Dans la galerie et dans ce salon il y avait plusieurs lits de veille, comme dans tout le grand appartement, pour la sûreté, où couchaient des Suisses de l'appartement et des frotteurs, et ils y avaient été mis à l'ordinaire avant les mauvaises nouvelles de

1. Du Roi. — 2. « Repas sans cérémonie du Roi » (Littré). — 3. *Éloigné par religion* de montrer son *aise*. — 4. « Portatif » (Littré) et entouré de rideaux : voir p. 127, note 2. — 5. Joindre : « Être contigu à » (Littré). — 6. Soulagées.

Meudon. Au fort de la conversation de ces dames, Mme de Castries, qui touchait au lit, le sentit remuer, et en fut fort effrayée, car elle l'était de tout, quoique avec[1] beaucoup d'esprit. Un moment après, elles virent un gros bras presque nu relever tout à coup le pavillon[2], qui leur montra un bon gros Suisse entre deux draps, demi-éveillé et tout ébahi, très long à reconnaître son monde, qu'il regardait fixement l'un après l'autre, qui, enfin, ne jugeant pas à propos de se lever en si grande compagnie, se renfonça dans son lit et ferma son pavillon. Le bonhomme s'était apparemment couché avant que personne eût rien appris, et avait assez profondément dormi depuis pour ne s'être réveillé qu'alors. Les plus tristes spectacles sont assez souvent sujets aux contrastes les plus ridicules : celui-ci fit rire quelque dame de là autour, et quelque peur à Mme la duchesse d'Orléans et à ce qui causait avec elle, d'avoir été entendues ; mais, réflexion faite, le sommeil et la grossièreté[3] du personnage les rassura. La duchesse de Villeroy, qui ne faisait presque que les joindre[4], s'était fourrée un peu auparavant dans le petit cabinet, avec la comtesse de Roucy et quelques dames du palais, dont Mme de Levis n'avait osé approcher par penser[5] trop conformément à la duchesse de Villeroy. Elles y étaient quand j'arrivai. Je voulais douter encore, quoique tout me montrât ce qui était ; mais je ne pus me résoudre à m'abandonner à le croire que le mot ne m'en fût prononcé par quelqu'un à qui on pût ajouter foi. Le hasard me fit rencontrer M. d'O, à qui je le demandai, et qui me le dit nettement. Cela su, je tâchai de n'en être pas bien aise. Je ne sais pas trop si j'y réussis bien ; mais au moins est-il vrai que ni joie ni douleur n'émoussèrent ma curiosité, et qu'en prenant bien garde à conserver toute bienséance, je ne me crus pas engagé par rien au personnage[6] douloureux. Je ne craignais plus les retours du feu[7] de la citadelle de Meudon, ni les cruelles courses de son implacable garnison, et je me contraignis moins

1. Quoiqu'elle eût. — 2. « Tour de lit plissé par en haut et suspendu au plafond » (Littré). — 3. Le caractère fruste. — 4. Qui venait à peine de les rejoindre. — 5. Parce qu'elle pensait... — 6. Au comportement. — 7. Nouvelles attaques.

qu'avant le passage du Roi pour Marly, de considérer plus librement toute cette nombreuse compagnie, d'arrêter mes yeux sur les plus touchés et sur ceux qui l'étaient le moins avec une affection [1] différente, de suivre les uns et les autres de mes regards, et de les en percer tous à la dérobée. Il faut avouer que, pour qui est bien au fait de la carte [2] intime d'une cour, les premiers spectacles d'événements rares de cette nature si intéressante à tant de divers égards, sont d'une satisfaction extrême : chaque visage vous rappelle les soins, les intrigues, les sueurs employées à l'avancement des fortunes, à la formation, à la force des cabales, les adresses à se maintenir et à en écarter d'autres, les moyens de toute espèce mis en œuvre pour cela, les liaisons plus ou moins avancées, les éloignements, les froideurs, les haines, les mauvais offices [3], les manèges, les avances, les ménagements, les petitesses, les bassesses de chacun, le déconcertement des uns au milieu de leur chemin, au milieu ou au comble de leurs espérances, la stupeur de ceux qui en [4] jouissaient en plein, le poids donné du même coup à leurs contraires [5] et à la cabale opposée, la vertu de ressort [6] qui pousse dans cet instant leurs [5] menées et leurs [5] concerts à bien, la satisfaction extrême et inespérée de ceux-là [5], et j'en étais des plus avant, la rage qu'en conçoivent les autres, leur embarras et leur dépit à le cacher, la promptitude des yeux à voler partout en sondant les âmes à la faveur de ce premier trouble de surprise et de dérangement subit, la combinaison de tout ce qu'on y remarque, l'étonnement de ne pas trouver ce qu'on avait cru de quelques-uns, faute de cœur ou d'assez d'esprit en eux, et plus en d'autres qu'on n'avait pensé : tout cet amas d'objets vifs et de choses si importantes forme un plaisir à qui sait le prendre, qui, tout peu solide [7] qu'il devient, est un des plus grands dont on puisse jouir dans une cour. Ce fut donc à celui-là que je me livrai tout entier en moi-même, avec d'autant plus d'abandon que, dans une

1. Sentiment. — 2. Connaissance. — 3. « Action, parole destinée à nuire » (Littré). — 4. De ces *espérances*. — 5. Fait allusion à leurs adversaires. — 6. « Propriété... de se remettre en l'état d'où l'objet avait été tiré par effort » (Littré). — 7. Efficace.

délivrance bien réelle, je me trouvais étroitement lié et embarqué avec les têtes principales qui n'avaient point de larmes à donner à leurs yeux. Je jouissais de leur avantage sans contrepoids, et de leur satisfaction, qui augmentait la mienne, qui consolidait mes espérances, qui me les élevait, qui m'assurait un repos auquel, sans cet événement, je voyais si peu d'apparence que je ne cessais point de m'inquiéter d'un triste avenir, et que, d'autre part, ennemi de liaison et presque personnel des principaux personnages que cette perte accablait, je vis, du premier coup d'œil vivement porté, tout ce qui leur échappait et tout ce qui les accablerait, avec un plaisir qui ne se peut rendre. J'avais si fort imprimé dans ma tête les différentes cabales, leurs subdivisions, leurs replis, leurs divers personnages et leurs degrés [1], la connaissance de

---

• **La mort du Grand Dauphin (II)**

① Le peintre : examiner l'art de saisir les groupes (pp. 109-110) et les attitudes des isolés.

② Le moraliste : étudier l'analyse (déductions vraisemblables sur les valets et les courtisans), le pessimisme (mépris social pour les valets et moral pour beaucoup de leurs maîtres), la variété des personnalités (du duc de Bourgogne au duc de Beauvillier), l'allusion (expliquer la cause réelle des pleurs chez la duchesse de Berry) et l'auto-analyse (p. 113-115, complémentaires de la p. 107); expliquer les vicissitudes des cabales (p. 114-115).

③ Les contrastes : les saisir entre le comique et le désespoir du duc de Berry; entre ce dernier et sa femme; entre le flegme de Beauvillier et l'agitation de Madame; entre les cabales.

④ Le comique : comique d'attitude (duc de Berry, Madame); comique de farce (épisode du Suisse, sorte de cinéma muet); comédie dénoncée par l'auteur chez ses amis et, non sans cynisme, chez lui-même.

⑤ L'expression : noter le lyrisme attaché à l'exercice ou à l'analyse du regard, et le fréquent bonheur des formules expressives; analyser les grandes phrases (énumérative p. 114 : *Il faut avouer...*, l. 254-284; complexe p. 115 : *Je jouissais...*, l. 289-300).

⑥ D'après les pages 106-116, définir la lucidité et le cynisme, chez Saint-Simon.

---

1. « Moyens mis en œuvre pour parvenir à quelque chose » (Littré).

leurs chemins, de leurs ressorts, de leurs divers intérêts, que la méditation de plusieurs jours ne m'aurait pas développé et représenté toutes ces choses plus nettement que ce premier aspect de tous ces visages, qui me rappelaient encore ceux que je ne voyais pas, et qui n'étaient pas les moins friands à s'en repaître. Je m'arrêtai donc un peu à considérer le spectacle de ces différentes pièces de ce vaste et tumultueux appartement.

Et Saint-Simon conclut l'évocation de cette nuit saisissante par des paroles tout aussi terribles :

La raison, plutôt que le besoin, nous fit coucher, mais avec si peu de sommeil, qu'à sept heures du matin j'étais debout ; mais, il faut l'avouer, de telles insomnies sont douces, et de tels réveils savoureux.

(III, 818-825.)

Devenu dauphin, le duc de Bourgogne recevait en secret les conseils oraux ou écrits de Saint-Simon.

Saint-Simon conseiller du nouveau dauphin

Devenu plus libre avec lui, je pris la liberté de lui dire, dans ces premiers moments de conversation debout, qu'il ferait bien de pousser le verrou de la porte derrière lui. Il me dit que la Dauphine ne viendrait pas, et que ce n'étaient pas là ses heures. Je répondis que je ne craindrais point cette princesse seule, mais beaucoup l'accompagnement qui la suivait toujours. Il fut opiniâtre, et n'en voulut rien faire. Je n'osai l'en presser davantage. Il se mit à son bureau, et m'ordonna de m'y mettre aussi. La séance fut longue, après laquelle nous triâmes nos papiers : il me donna des siens à mettre dans mes poches, il en prit des miens, il en enferma dans sa commode, et, au lieu d'en enfermer d'autres dans son bureau, il en laissa dessus et se mit à causer le dos à la cheminée, des papiers dans une main et ses clefs dans l'autre. J'étais debout au bureau, y cherchant quelque papier d'une main, et de l'autre en tenant d'autres, lorsque tout à coup la porte s'ouvrit vis-à-vis de moi, et la Dauphine entra. Ce premier coup d'œil de tous les trois, car, Dieu merci ! elle était seule, l'étonnement, la contenance de tous les trois ne sont jamais sortis de ma mémoire. Le fixe des yeux et l'immobilité de statue, le silence, l'embarras également dans tous trois, dura plus d'un lent *Pater*. La princesse les rompit la première. Elle dit au prince, d'une voix très mal assurée, qu'elle ne le croyait pas en si bonne compagnie, en souriant à lui, et puis à moi. J'eus le temps de sourire aussi et de baisser les yeux avant que le Dauphin répondît. « Puisque vous m'y trouvez, Madame, lui dit-il en souriant de même, allez-vous-en. » Elle fut un instant à le regarder en lui souriant davantage, et lui à elle : elle me regarda après, toujours souriant, avec plus de liberté que d'abord, fit après la pirouette, sortit, et ferma la porte, dont elle n'avait pas dépassé plus que la profondeur. Jamais je ne vis femme si étonnée ; jamais, j'en hasarderai le mauvais mot, je ne vis homme si penaud que le prince, même après la sortie ; jamais homme, car il faut tout dire, n'eut si grand peur que j'eus d'abord, mais qui se rassura dès que je ne la vis point suivie.

(III, 1040.)

En février 1712, par un tragique revirement de destin, la duchesse, puis le duc de Bourgogne meurent.

Ces *Mémoires* ne sont pas faits pour y rendre compte de mes sentiments : en les lisant, on ne les sentira que trop, si jamais, longtemps après moi, ils paraissent, et dans quel état je pus être, et Mme de Saint-Simon aussi. Je me contenterai de dire qu'à peine parûmes-nous les premiers jours un instant chacun, que je voulus tout quitter, et me retirer de la cour et du monde, et que ce fut tout l'ouvrage de la sagesse, de la conduite, du pouvoir de Mme de Saint-Simon sur moi, que de m'en empêcher avec bien de la peine.

(III, 1170.)

Mais notre duc éprouve encore d'autres émotions lorsque le Roi veut examiner et trier les papiers du défunt, où figurent des documents politiques compromettants, rédigés par Saint-Simon.

Il y avait dans la cassette du Dauphin des mémoires qu'il m'avait demandés. Je les avais faits en toute confiance ; lui les avait gardés de même. J'y étais donc parfaitement reconnaissable. Il y en avait même un fort long de ma main, qui seul eût suffi pour me perdre sans espérance de retour auprès du Roi. On n'imagine point de pareilles catastrophes. Le Roi connaissait mon écriture. Il ne connaissait pas de même ma façon de penser ; mais il s'en doutait à peu près. J'y avais donné lieu quelquefois, et de bons amis de cour [1] y avaient suppléé de leur mieux. Ce péril ne laissait pas de regarder assez directement le duc de Beauvillier, un peu plus en lointain le duc de Chevreuse. Le Roi, qui, par ces mémoires, m'aurait aussitôt reconnu, y aurait en même temps découvert la plus libre et la plus entière confiance entre le Dauphin et moi, et sur des chapitres les plus importants, et qui lui auraient été les moins agréables, et il ne se doutait seulement pas que j'approchasse de son petit-fils plus que tous les autres courtisans. Il n'eût pas pu croire, intimement lié comme il me savait de tout temps avec le duc de Beauvillier, que ce commerce [2] intime et si secret d'affaires [3] se fût établi sans lui entre le Dauphin et moi ; et toutefois il fallait que lui-même portât au Roi la cassette de ce prince, à la mort duquel du Chesne en avait sur-le-champ remis la clef au Roi. L'angoisse était donc cruelle, et il y avait tout à parier que j'en serais perdu et chassé pour tout le règne du Roi. [...] Les ducs et duchesses de Beauvillier et de Chevreuse étaient uniques dans ce secret, et les uniques aussi avec qui en consulter. M. de Beauvillier prit le parti de ne confier la cassette à personne, quoique le Roi en eût la clef, et d'attendre que sa santé lui permît de la porter lui-même, pour essayer, étant avec lui, de dérober ces

1. *Amis* qui n'ont « que de fausses apparences d'amitié » (Littré). — 2. Cette « fréquentation » (Littré). — 3. « Tout ce qui concerne la fortune et les intérêts de l'État » (Littré).

papiers à sa vue parmi tous les autres, de quelque manière que ce fût. Cette mécanique [1] était difficile ; car il ne savait pas même la position de ces papiers si dangereux parmi les autres dans la cassette ; et cependant c'était la seule ressource. Une si terrible incertitude dura plus de quinze jours. Le lundi dernier février, le Roi vit dans son cabinet, sur les cinq heures, le duc de Beauvillier pour la première fois, qui n'avait pas [été] en état de s'y rendre plus tôt. Mon logement était assez près du sien, et de plain-pied, donnant au milieu de la galerie de l'aile neuve, de plain-pied aussi au grand appartement du Roi. Le duc, à son retour, entra chez moi, et nous dit, à Mme de Saint-Simon et à moi, que le Roi lui avait ordonné de lui porter, le lendemain au soir, chez Mme de Maintenon, la cassette du Dauphin, et nous répéta que, sans oser ni pouvoir répondre de rien, il serait bien attentif à éviter, s'il était possible, que le Roi vît ce qui était de moi, et nous promit de revenir le lendemain au retour de chez Mme de Maintenon, nous en apprendre des nouvelles. On peut juger s'il fut attendu, et à portes bien fermées. Il arriva, et, avant de s'asseoir, nous fit signe de ne plus avoir d'inquiétude. Il nous conta que tout le dessus de la cassette, et assez épaissement, s'était heureusement trouvé rempli d'un fatras de toutes sortes de mémoires et de projets sur les finances, et de quelques autres d'intérieurs de provinces, qu'il en avait lu exprès une quantité au Roi pour le lasser, qu'il y avait réussi tellement qu'à la fin le Roi s'était contenté d'en entendre les titres, et que, fatigué de ne trouver autre chose, il s'était persuadé que le fonds n'était pas plus curieux, avait dit que ce n'était pas la peine d'en voir davantage, et qu'il n'avait qu'à jeter là tous ces papiers dans le feu. Le duc nous assura qu'il ne se l'était pas fait dire deux fois, d'autant qu'il avait déjà avisé au fonds un petit bout de mon écriture, qu'il avait promptement couvert en prenant d'autres papiers pour en lire les titres au Roi, et qu'aussitôt qu'il lui eut lâché la parole, il rejeta confusément dans la cassette ce qu'il

1. Cet agencement de moyens.

en avait tiré de papiers et mis à mesure sur la table, et avait été secouer la cassette derrière le feu, entre le Roi et Mme de Maintenon, pris bien garde, en la secouant, que ce mémoire de ma main, qui était grand et épais, fût couvert d'autres, et qu'il avait eu grand soin d'empêcher avec les pincettes qu'aucun bout ne s'écartât, et de voir tout bien brûlé avant de quitter la cheminée. Nous nous embrassâmes dans le soulagement réciproque, qui fut proportionné pour ce moment au péril que nous avions couru.

(III, 1199-1202.)

Mort de Vendôme (1712) *Peu après son ancien adversaire, il meurt assez misérablement en Espagne, où il dirigeait les troupes.*

Il se trouva incommodé : on crut aisément qu'il ne lui fallait que la diète ; mais le mal augmenta si promptement et d'une façon si bizarre, après avoir semblé assez longtemps n'être rien, que ceux qui étaient auprès de lui en petit nombre, ne doutèrent pas du poison, et envoyèrent aux secours de tous côtés ; mais le mal ne les voulut pas attendre : il redoubla précipitamment avec des symptômes étranges. Il ne put signer un testament qu'on lui présenta, ni une lettre au Roi par laquelle il demandait le retour de son frère [1] à la cour. Tout ce qui était autour de lui s'enfuit et l'abandonna, tellement qu'il demeura entre les mains de trois ou quatre des plus bas valets, tandis que les autres pillaient tout et faisaient leur main [2], et s'en allaient. Il passa ainsi les deux ou trois derniers jours de sa vie, sans prêtre, sans qu'il eût été question seulement d'en parler, sans autre secours que d'un seul chirurgien. Les trois ou quatre valets demeurés auprès de lui, le voyant à la dernière extrémité, se saisirent du peu de choses qui restaient autour de lui, et, faute de mieux, lui tirèrent sa couverture et ses matelas de dessous lui. Il leur cria pitoyablement de ne le laisser pas mourir au moins à nu sur sa paillasse, et je ne sais s'il l'obtint. Ainsi

1. Le grand Prieur, en disgrâce pour lors. — 2. Faire sa main : « dérober » (Littré).

mourut, le vendredi 10 juin, le plus superbe[1] des hommes, et, pour n'en rien dire davantage après avoir été obligé de parler si souvent de lui, le plus heureux jusqu'à ses derniers jours. Il avait cinquante-huit ans, sans qu'une faveur si prodigieuse et si aveugle ait pu faire qu'un[2] héros de cabale d'un[3] capitaine[4] qui a été un très mauvais général, d'un sujet qui s'est montré le plus pernicieux, et d'un homme dont les vices ont fait en tout genre la honte de l'humanité. Sa mort rendit la vie et la joie à toute l'Espagne.

(IV, 35-36.)

- **L'ouverture de la cassette** (pp. 118-120)

  ① L'art du suspens : bien préciser d'abord les risques enchaînés et le pathétique de la situation; analyser le suspens, ainsi que l'émotion rétrospective obtenue grâce au récit du récit.

- **La mort de Vendôme** (pp. 120-121)

  ② Les contrastes : analyser leur valeur (entre l'accumulation des misères et l'orgueil antérieur, entre le prestige et la valeur effective).

  ③ Un style efficace : en montrer l'énergie oratoire et la férocité.

  ④ D'après les pages 94-121, confronter les personnalités des deux adversaires (ducs de Bourgogne et de Vendôme) et leurs cabales.

---

1. « Orgueilleux » (Littré). — 2. ... autre chose *qu'*un... — 3. Avec un... — 4. « Chef militaire » (Littré).

Gabrielle de Lorge, duchesse de SAINT-SIMON
Gravure de Bonnart (détail)

3 SCÈNE MILITAIRE : DENAIN (1712)

Victoire décisive de Villars, que Saint-Simon lui conteste parce qu'il le déteste comme protégé de Mme de Maintenon.

Le Prince Eugène[1] assiégea Landrecies[2]. Le Roi, piqué des avantages qu'il[3] ne laissait pas de prendre quoique destitué[4] du secours des Anglais, voulait en[5] profiter, et trouvait fort mauvais que Villars laissât assiéger et prendre les places de la dernière frontière sans donner bataille pour l'empêcher. Villars en avait des ordres réitérés. Il mandait force gasconnades, il en publiait ; mais il tâtonnait et reculait toujours, et il manqua plus d'une occasion de prêter le collet au prince Eugène, dont quelques-unes furent si visibles, et même d'une apparence si avantageuse[6], que toute l'armée en murmura publiquement. Il cherchait, disait-il, les moyens de faire lever le siège de Landrecies, et le Roi attendait tous les jours des courriers de Flandres avec la dernière impatience. Montesquiou[7] vit jour à donner un combat avec avantage. Il était fort connu du Roi pour avoir été longtemps major du régiment des gardes, inspecteur puis directeur d'infanterie, et beaucoup plus par ses intimes liaisons avec les principaux valets de l'intérieur. Il dépêcha secrètement un courrier au Roi avec un plan de son dessein, en lui marquant qu'il était sûr que Villars ne l'approuverait pas, et en représentant la nécessité de profiter des conjonctures. La réponse fut prompte. Il eut ordre de suivre et d'exécuter son projet, même malgré Villars, mais de faire cela, par rapport à lui, avec adresse. L'extrême mépris que le prince Eugène avait conçu du maréchal de Villars lui fit commettre une lourde faute, qui fut de s'éloigner de Marchiennes[8], et même de

---

1. Chef des troupes allemandes; voir p. 97, n. 1. — 2. En Flandre. — 3. Le prince Eugène. — 4. Privé. — 5. De cet éloignement des Anglais, alliés des impériaux. — 6. Pour les troupes françaises. — 7. Pierre de *Montesquiou* d'Artagnan (1640-1725), jeune cousin du héros de Dumas : voir p. 124, l. 100. — 8. En pays minier; cf. *Germinal* de Zola.

Denain, où étaient ses magasins principaux, pour subsister plus commodément derrière l'Écaillon, qui se jette dans l'Escaut près de Denain, qu'il avait retranché, et y avait laissé dix-huit bataillons et quelque cavalerie. Sur ces nouvelles, le maréchal de Montesquiou pressa Villars d'y marcher. Dans la marche, Montesquiou s'avança avec une tête, quatre lieutenants généraux et quatre maréchaux de camp, et envoya Broglio, depuis maréchal [de] France, avec la réserve qu'il commandait, enlever cinq cents chariots de pain pour [1] l'armée ennemie, ce qu'il exécuta fort bien, et avant l'attaque de Denain. Montesquiou, avec cette tête de l'armée, arriva devant Denain à tire-d'aile, fit promptement sa disposition, et attaqua tout de suite les retranchements. Villars marchait doucement avec le gros de l'armée, déjà fâché d'en voir une partie en avant avec Montesquiou sans son ordre, et qui le fut bien davantage quand il entendit le bruit du feu qui se commençait. Il lui dépêcha ordre sur ordre d'arrêter, de ne point attaquer, de l'attendre, le tout sans se hâter le moins du monde parce qu'il ne voulait point de combat. Son confrère [2] lui renvoya ses aides de camp, lui manda que le vin était tiré et qu'il fallait le boire, et poussa si bien ses attaques, qu'il emporta les retranchements, entra dans Denain, s'y rendit le maître, et de toute l'artillerie et des magasins, tua beaucoup de monde, en fit noyer quantité en tâchant [3] de se sauver, entre lesquels se trouva le comte de Dohna, qui y commandait, et se mit [4] en posture de s'y bien maintenir, s'il prenait envie au prince Eugène de l'y attaquer, qui arrivait avec son armée par l'autre côté de la rivière, qui fut témoin de l'expédition, qui recueillit les fuyards, et qui s'arrêta parce qu'il ne crut pas pouvoir attaquer Denain emporté, avec succès. Tingry cependant, depuis maréchal de Montmorency, averti d'avance par Montesquiou, était sorti de Valenciennes, et avait si bien défendu un pont qui était le plus court chemin du prince Eugène pour tomber sur le maréchal de Montesquiou, qu'il l'empêcha d'y passer,

1. Destinés à... — 2. Montesquiou, maréchal aussi. — 3. Alors qu'ils tâchaient... — 4. Sujet : Montesquiou.

et qu'il le força à prendre le grand tour par l'autre côté de la rivière par où je viens de dire, et qu'il arriva trop tard. Villars, arrivant avec le reste de l'armée comme tout était fait, enfonça son chapeau [1] et dit merveilles aux tués et aux ennemis delà l'eau qui se retiraient, et dépêcha Nangis au Roi, qui avait été l'un des quatre maréchaux de camp de l'attaque, que Voysin [2] mena au Roi le mardi 26 juillet, à huit heures du matin, et qui eut force louanges, et douze mille livres pour sa course. Les ennemis y perdirent extrêmement, et le maréchal de Montesquiou fort peu. Le fils unique du maréchal de Tourville, y fut tué à la tête de son régiment, dont ce fut grand dommage et laissa sa sœur héritière, qui épousa depuis M. de Brassac, et fut dame de Mme la duchesse de Berry quand on lui en donna.

Villars, fort étourdi [3] d'une action faite malgré lui, s'en voulait tenir là ; mais Montesquiou, sûr du Roi, se moqua de lui, détacha le soir même du combat, qui était le dimanche 24 juillet, Broglio avec douze bataillons sur Marchiennes, où était le reste et la plus grande partie des magasins des ennemis, et les suivit en personne avec dix-huit autres bataillons et quelque cavarie, sans que Villars osât s'y opposer formellement après ce qu'il venait d'arriver. Il prit Saint-Amand en passant, où il y avait huit cents hommes, et l'abbaye d'Hasnon, où il y en avait deux cents. Villars [4], aide-major du régiment des gardes et aide-major général de l'armée, arriva le dernier juillet à Fontainebleau, avec force drapeaux, par qui [5] on apprit qu'un fils d'Owerkerque [6] avait été tué à Denain, qui était officier général fort estimé parmi les Hollandais. Le lundi 1er août, Artagnan arriva à une heure après midi à Fontainebleau, de la part du maréchal de Montesquiou, son oncle [7], avec la nouvelle qu'il avait pris Marchiennes et tout ce qui s'y était trouvé prisonniers de guerre. Il y avait dans la place six bataillons, un détachement de cinq cents hommes de la garnison de Douay, et le régiment de cavalerie entier de Waldeck,

---

1. Prit « des airs de matamore » (Littré). — 2. Secrétaire d'État à la guerre, protégé de Mme de Maintenon, comme Villars. — 3. Troublé. — 4. Ne pas confondre cet officier avec le maréchal.. — 5. Antécédent décalé : *Villars*. — 6. Feld-maréchal de l'armée hollandaise, de 1703 à sa mort en 1708. — 7. Voir p. 122, n. 7.

qui allait joindre l'armée du prince Eugène, et qui n'en put sortir avant d'y être enfermé, soixante pièces de canon, et, outre ce qu'il y avait de munitions de guerre et de bouche [1] en magasins, cent cinquante bélandres [2] qui en étaient chargées sur la rivière, six desquelles avaient chacune deux cents milliers [3] de poudre, le tout sans avoir perdu presque personne à ce siège. Un fils du maréchal de Tessé avait été fort blessé à Denain, à la tête du régiment de Champagne, et le marquis de Meuse à la tête du sien. Montesquiou eut dans l'armée et à la cour tout l'honneur de ces deux heureuses actions, qui levèrent, pour ainsi dire, le sort dont nous étions si misérablement enchantés [4], qui parurent avec raison un prodige de la Providence, et qui mirent fin à tous nos malheurs. Montesquiou eut le sens d'être sage et modeste, de laisser faire le matamore à Villars [5], qui se fit moquer de soi, de respecter la protection trop ouverte de Mme de Maintenon, et de se contenter de la gloire, à laquelle personne ne se méprit. Ce fut à Fontainebleau un débordement de joie, dont le Roi fut si flatté, qu'il en remercia les courtisans pour la première fois de sa vie. Le prince Eugène, manquant de pain et de toutes choses, leva aussitôt après le siège de Landrecies, et une désertion effroyable se mit dans ses troupes.

(IV, 41-44.)

- **La bataille de Denain**

① Un éreintement : étudier l'art de mettre quelqu'un dans son tort et de le ridiculiser.

② Un récit : reconnaître l'art de l'exposition; noter la digression sur le fils Tourville (p. 124, l. 78; le chroniqueur l'emporte sur le narrateur) et la réduction de la prise de Marchiennes (l. 102) à une allusion brève (chercher pourquoi elle n'est pas développée en récit).

③ D'après les pages 97-104 et 122-125, présenter Saint-Simon narrateur de batailles (reconnaît-on en lui un ancien militaire?) et juge partial de chefs militaires glorieux (récits orientés).

---

1. Approvisionnement, alimentation. — 2. *Bélandre :* « petit bâtiment à fond plat » (Littré). — 3. *Millier :* « Mille livres pesant » (Littré). — 4. « Ensorcelés » (Littré). — 5. Cf. son portrait détaillé : II, 111-116 ; et déjà le processus de dénigrement par Saint-Simon à propos de Friedlingen : II, 107-110.

Le duc de Chartres (à droite) dansant le menuet à Versailles. Gravure de Trouvain

CL. B. N.

4 *SCÈNE POLITIQUE :*

LE LIT DE JUSTICE DE 1718

Le Régent s'était heurté tout de suite aux ambitions du duc du Maine, où Saint-Simon voit le complot de toute une cabale. Pour l'abattre, mais aussi pour satisfaire sa haine des bâtards favorisés, il veut que le Parlement destitue le duc du Maine de sa surintendance de l'éducation du Dauphin, et le réduise au rang de duc et pair (à la différence de son frère, le comte de Toulouse, moins ambitieux). Le Parlement y met peu d'empressement, soit à cause des liens unissant les magistrats au duc du Maine, soit surtout parce que c'est un coup de force qui répugne à l'esprit juridique. D'où une série de précautions pour déconcerter ou neutraliser des récalcitrants éventuels.

L'abbé Dubois fit une petite liste de signaux, comme croiser les jambes, secouer un mouchoir, et autres gestes simples, pour la donner dans le premier matin aux officiers des gardes du corps choisis pour les exécutions [1], qui, répandus dans la salle du lit de justice, devaient continuellement regarder le Régent, pour obéir au moindre signal et entendre ce qu'ils auraient à faire. Il fit plus ; car, pour décharger M. le duc d'Orléans, il lui dressa, pour ainsi dire, une horloge, c'est-à-dire des heures auxquelles il devait mander [2] ceux à qui il aurait nécessairement des ordres à donner pour ne les pas mander un moment plus tôt que le précisément nécessaire, et de ce qu'il aurait à leur dire pour n'aller pas au-delà, n'en oublier aucun, et donner chaque ordre en son temps et en sa cadence, ce qui contribua infiniment à conserver le secret jusqu'au dernier instant.

(VI, 115.)

---

1. L'exécution des ordres. — 2. Faire venir.

Puis on attend le Parlement, tantôt avec impatience comme Saint-Simon, tantôt avec flegme comme d'Argenson : « Le Garde des sceaux était debout, tenant une croûte de pain, aussi à lui-même que s'il n'eût été question que d'un conseil ordinaire. » *Le Régent se montre ferme.* « Enfin le Parlement arriva, et, comme des enfants, nous voilà tous aux fenêtres. » *Ici va commencer une séance qui transporte notre duc en le vengeant à la fois du bâtard abhorré et des magistrats qui s'étaient joints à lui pour fronder le Régent, et qui refusaient de saluer comme autrefois les ducs et pairs (ce que Saint-Simon appelle* l'énorme usurpation du bonnet *et ne pardonne pas).*

Après les opinions [1], comme le Garde des sceaux eut prononcé [2], je vis ce prétendu grand banc [3] s'émouvoir. C'était le premier président [4] qui voulait parler et faire la remontrance [5], qui a paru pleine de la malice [6] la plus raffinée, d'impudence à l'égard du Régent et d'insolence pour le Roi. Le scélérat tremblait toutefois en la prononçant. Sa voix entrecoupée, la contrainte de ses yeux, le saisissement et le trouble visible de toute sa personne, démentaient ce reste de venin dont il ne put refuser la libation [7] à lui-même et à sa Compagnie. Ce fut là où je savourai, avec tous les délices qu'on ne peut exprimer, le spectacle de ces fiers légistes, qui osent nous refuser le salut [8], prosternés à genoux, et rendre à nos pieds un hommage au trône, tandis qu'assis et couverts [9], sur les hauts sièges, aux côtés du même trône [10]. Ces situations et ces postures, si grandement disproportionnées, plaident seules avec tout le perçant de l'évidence la cause de ceux qui, véritablement et d'effet, sont *laterales Regis* [11] contre ce *vas electum* [12] du tiers état. Mes yeux fichés, collés sur ces bourgeois superbes, parcouraient tout ce grand banc [3] à genoux ou debout, et les amples replis de ces fourrures

1. « Voix, suffrages » (Littré). — 2. Prononcer : « déclare ce qui a été décidé » (Littré). — 3. De magistrats. — 4. Jean de Mesmes (1661-1723); cf. son étonnant portrait : III, 1137-1139. — 5. « Discours de protestation au Roi » (Littré). — 6. « Inclination à mal faire » (Littré). — 7. Offrande d'un liquide répandu. — 8. « Usurpation du bonnet » : voir p. 130, l. 54. — 9. Nous étions *assis*... — 10. Du trône même. — 11. Latin : « aux côtés mêmes du Roi » (propre des pairs de France). — 12. Latin : « vase d'élection »; expression religieuse, prise au sens politique de : représentants élus.

ondoyantes à chaque génuflexion longue et redoublée, qui ne finissait que par le commandement du Roi par la bouche du Garde des sceaux, vil petit-gris [1] qui voudrait contrefaire l'hermine [2] en peinture, et ces têtes découvertes et humiliées à la hauteur de nos pieds. La remontrance finie, le Garde des sceaux monta au Roi, puis, sans reprendre aucuns avis, se remit en place, jeta les yeux sur le premier président, et prononça : *Le Roi veut être obéi, et obéi sur-le-champ.* Ce grand mot fut un coup de foudre qui atterra présidents et conseillers de la façon la plus marquée. Tous baissèrent la tête, et la plupart furent longtemps sans la relever. Le reste des spectateurs, excepté les maréchaux de France, parurent peu sensibles à cette désolation.

Mais ce ne fut rien que ce triomphe ordinaire en comparaison de celui qui l'allait suivre immédiatement. Le Garde des sceaux ayant, par ce dernier prononcé [3], terminé ce second acte, il passa au troisième. Lorsqu'il repassa devant moi, venant d'achever de prendre l'avis des pairs sur l'arrêt concernant le Parlement [4], je l'avais averti de ne prendre point leur avis sur l'affaire qui allait suivre, et il m'avait répondu qu'il ne le

---

- **Le lit de justice**

① Les sentiments de l'auteur : relever ce qui traduit mépris et vindicte envers le Parlement.

② Leur expression : noter avec précision son intensité dans la jubilation vengeresse : *libation* (p. 128, l. 10); *mes yeux fichés...* (p. 128, l. 20, à 129, l. 27).

③ L'irrégularité : l'analyser dans cette fin de phrase (l. 12-16) : *le spectacle... trône.*

④ La valeur dramatique : la noter dans la saveur accrue de chaque épisode successif, dans le second sens (théâtral) du mot *acte,* et surtout dans le suspens réservé, non au lecteur (qui a été mis dans le secret), mais au public de la séance.

⑤ La formule d'autorité : noter le goût de l'auteur pour son efficacité de type magique (force immédiate sous un petit volume) (p. 129, l. 31).

---

1. Fourrure d'écureuil gris. — 2. Fourrure d'un blanc parfait. — 3. « Décision prononcée » (Littré). — 4. Refus de la remontrance.

prendrait pas. C'était une précaution que j'avais prise contre la distraction à cet égard. Après quelques moments d'intervalle depuis la dernière prononciation sur le Parlement, le Garde des sceaux remonta au Roi, et, remis en place, y demeura encore quelques instants en silence. Alors tout le monde vit bien que, l'affaire du Parlement étant achevée, il y en allait avoir une autre. Chacun, en suspens, tâchait à la prévenir [1] par la pensée. On a su depuis que tout le Parlement s'attendit à la décision du bonnet en notre faveur [2], et j'expliquerai après pourquoi il n'en fut pas mention. D'autres, avertis par leurs yeux de l'absence des bâtards, jugèrent plus juste [3] qu'il allait s'agir de quelque chose qui les regardait ; mais personne ne devina quoi, beaucoup moins toute l'étendue.

Enfin le Garde des sceaux ouvrit la bouche, et dès la première période [4] il annonça la chute [5] d'un des frères et la conservation [6] de l'autre. L'effet de cette période sur tous les visages est inexprimable. Quelque occupé que je fusse à contenir [7] le mien, je n'en perdis pourtant aucune chose. L'étonnement prévalut aux autres passions. Beaucoup parurent aises, soit équité, soit haine pour le duc du Maine, soit affection pour le comte de Toulouse ; plusieurs consternés. Le premier président perdit toute contenance ; son visage, si suffisant et si audacieux, fut saisi d'un mouvement convulsif ; l'excès seul de sa rage le préserva de l'évanouissement. Ce fut bien pis à la lecture de la déclaration. Chaque mot était législatif [8] et portait une chute nouvelle. L'attention était générale, tenait chacun immobile pour n'en pas perdre un mot, et les yeux sur le greffier qui lisait. Vers le tiers de cette lecture, le premier président, grinçant le peu de dents qui lui restaient, se laissa tomber le front sur son bâton [9], qu'il tenait à deux mains, et, en cette singulière posture et si marquée, acheva d'entendre cette lecture si accablante

1. Devancer. — 2. Le rétablissement du salut des parlementaires aux ducs et pairs. — 3. Justement. — 4. Grande phrase. — 5. Du rang de prince du sang, par légitimation (pour le duc du Maine). — 6. Maintien à ce rang du comte de Toulouse. — 7. « Maintenir dans le calme » (Littré). — 8. « Qui porte le caractère des lois » (Littré). — 9. Sorte de canne.

pour lui, si résurrective pour nous. Moi cependant je me mourais de joie ; j'en étais à craindre la défaillance ; mon cœur, dilaté à l'excès, ne trouvait plus d'espace à s'étendre. La violence que je me faisais pour ne rien laisser échapper était infinie, et néanmoins ce tourment était délicieux. Je comparais les années et les temps de servitude, les jours funestes où, traîné au Parlement en victime, j'y avais servi de triomphe aux bâtards à plusieurs fois, les degrés divers par lesquels ils étaient montés à ce comble sur nos têtes ; je les comparais, dis-je, à ce jour de justice et de règle, à cette chute épouvantable, qui du même coup nous relevait par la force de ressort [1]. Je repassais avec le plus puissant charme [2], ce que j'avais osé annoncer au duc du Maine le jour du scandale du bonnet [3], sous le despotisme de son père [4]. Mes yeux voyaient enfin l'effet et l'accomplissement de cette menace. Je me devais [5], je me remerciais de ce que c'était par moi qu'elle s'effectuait. J'en considérais la rayonnante splendeur en présence du Roi et d'une assemblée si auguste. Je triomphais, je me vengeais, je nageais dans ma vengeance ; je jouissais du plein accomplissement des désirs les plus véhéments et les plus continus de toute ma vie. J'étais tenté de ne me plus soucier de rien.

- **Le troisième « acte »** (pp. 130-132)

① L'analyse psychologique : distinguer son aspect moraliste (vraisemblance) et son aspect psycho-physiologique (évidence); noter la finesse de l'introspection (tentation de passivité jouisseuse).

② L'évocation charnelle : l'étudier dans la joie (*Moi cependant...*, p. 131, l. 81) en comparant avec Rousseau et Diderot (cf. Lagarde et Michard, *XVIIIe siècle*, pp. 198-199 et 316), dans la reviviscence de faits passés en comparant avec Stendhal (cf. Lagarde et Michard, *XIXe siècle*, p. 331) et dans le regard (*Mes yeux voyaient...*, p. 131, l. 96).

③ Un retour en arrière (en 1714 : *Je repassais...*, p. 131, l. 93) : examiner sa valeur (contraste, revanche).

---

1. Force qui nous replaçait dans l'état antérieur. — 2. Plaisir magique. — 3. Refus de salutation des ducs et pairs par le Parlement. — 4. Fin 1714; cf. IV, 596-597. — 5. Je m'étais reconnaissant.

Toutefois je ne laissais pas [1] d'entendre cette vivifiante lecture, dont tous les mots résonnaient sur mon cœur comme l'archet sur un instrument, et d'examiner en même temps les impressions différentes qu'elle faisait sur chacun.

Au premier mot que le Garde des sceaux dit de cette affaire les yeux des deux évêques-pairs [2] rencontrèrent les miens. Jamais je n'ai vu surprise pareille à la leur, ni un transport de joie si marqué. Je n'avais pu les préparer à cause de l'éloignement de nos places, et ils ne purent résister au mouvement qui les saisit subitement. J'avalai par les yeux un délicieux trait de leur joie, et je détournai les miens des leurs, de peur de succomber à ce surcroît, et je n'osai plus les regarder.

Cette lecture achevée, l'autre déclaration en faveur du comte de Toulouse fut commencée tout de suite par le greffier, suivant le commandement que lui en avait fait le Garde des sceaux en les lui donnant toutes les deux ensemble. Elle sembla achever de confondre le premier président et les amis du duc du Maine, par le contraste des deux frères. Celle-ci surprit plus que pas une, et à qui n'était pas au fait la différence était inintelligible : les amis du comte de Toulouse ravis, les indifférents bien aises de son exception, mais la trouvant sans fondement et sans justice. Je remarquai des mouvements très divers et plus d'aisance à se parler les uns aux autres pendant cette lecture, à laquelle néanmoins on fut très attentif.

Les importantes clauses du consentement des princes du sang et de la réquisition [3] des pairs de France réveillèrent l'application générale, et firent lever le nez au premier président de dessus son bâton, qui s'y était remis [4]. Quelques pairs même, excités par Monsieur de Metz [5], grommelèrent entre leurs dents, chagrins, à ce qu'ils expliquèrent à leurs confrères voisins, de n'avoir pas été consultés en assemblée générale sur un fait de cette importance, sur lequel néanmoins on les faisait parler et requérir. Mais quel

1. Je ne m'abstenais pas. — 2. De Laon et de Noyon, *pairs* comme évêques de ces diocèses. — 3. Demande. — 4. Le *premier président* s'était *remis* courbé sur son bâton. — 5. Archevêque *de Metz*, pair en tant que duc de Coislin.

moyen d'hasarder un secret de cette nature dans une assemblée de pairs de tous âges, pour n'en rien dire de plus, encore moins d'y en discuter les raisons ? Le très peu de ceux qui en furent choqués alléguèrent que ceux de la Régence [1] avaient apparemment répondu pour les autres sans mission [2], et cette petite jalousie les piquait peut-être autant que la conservation du rang, etc. du comte de Toulouse. Cela fut apaisé aussitôt que né ; mais rien en ce monde sans quelque contradiction.

Après que l'avocat général eut parlé, le Garde des sceaux monta au Roi, prit l'avis des princes du sang, puis vint au duc de Sully et à moi. Heureusement j'eus plus de mémoire qu'il n'en eut, ou qu'il n'en voulut avoir : aussi était-ce mon affaire. Je lui présentai mon chapeau à bouquet de plume au devant, d'une façon exprès très marquée [3], en lui disant assez haut : « Non, Monsieur, nous ne pouvons être juges ; nous sommes parties [4], et nous n'avons qu'à rendre grâces au Roi de la justice qu'il veut bien nous faire. » Il sourit et me fit excuse. Je le repoussai avant que le duc de Sully eût eu loisir d'ouvrir la bouche, et, regardant aussitôt de part et d'autre, je vis avec plaisir que ce refus d'opiner [5] avait été remarqué de tout le monde. Le Garde des sceaux retourna tout court sur ses pas, et sans prendre l'avis des pairs en place de service, ni des deux évêques pairs, fut aux maréchaux de France, puis descendit au premier président et présidents à mortier, puis alla au reste des bas sièges ; après quoi, remonté au Roi et redescendu en place, il prononça l'arrêt d'enregistrement [6], et mit le dernier comble à ma joie.

Aussitôt après, Monsieur le Duc [7] se leva, et après avoir fait la révérence au Roi, il oublia de s'asseoir et de se couvrir pour parler, suivant le droit et l'usage

---

1. Les ducs et pairs membres du conseil de *Régence*. — 2. *Sans* en avoir été chargés par les autres pairs. — 3. Pour attirer l'attention d'Argenson, qui oublie la recommandation citée p. 129, l. 43-44. — 4. Partie : « celui qui plaide contre quelqu'un » (Littré); l'équité veut qu'on ne soit jamais à la fois juge et partie. — 5. De « donner son avis » (Littré). — 6. « Acte par lequel une cour souveraine faisait transcrire sur ses registres une ordonnance, un édit du Roi » (Littré). — 7. Le duc de Bourbon (1692-1740), qui sera premier ministre quelque temps après la mort de Dubois et du Régent.

non interrompu des pairs de France ; aussi ne nous levâmes-nous pas un. Il fit donc debout et découvert le discours qui a paru imprimé à la suite des discours précédents, et le lut peu intelligiblement, parce que l'organe n'était pas favorable [1]. Dès qu'il eut fini, M. le duc d'Orléans se leva et commit la même faute. Il dit donc, aussi debout et découvert, que la demande de M. le Duc lui paraissait juste, et après quelques louanges ajouta que, présentement que M. le duc du Maine se trouvait en son rang d'ancienneté de pairie, M. le Maréchal de Villeroy, son ancien, ne pouvait plus demeurer sous lui, ce qui était une nouvelle et très forte raison, outre celles que Monsieur le Duc avait alléguées. Cette demande avait porté au dernier comble l'étonnement de toute l'assemblée, au désespoir du premier président et de ce peu de gens qui, à leur déconcertement, paraissaient s'intéresser au duc du Maine. Le maréchal [2] de Villeroy, sans sourciller, fit toujours mauvaise mine, et les yeux du premier écuyer [3] s'inondèrent souvent de larmes. Je ne pus bien distinguer le maintien de son cousin et ami intime le maréchal d'Huxelles, qui se mit à l'abri des vastes bords de son chapeau enfoncé sur ses yeux [4], et qui d'ailleurs ne branla pas. Le premier président, assommé de ce dernier coup de foudre, se démonta le visage à vis [5], et je crus un moment son menton tombé sur ses genoux. Cependant le Garde des sceaux ayant dit aux gens du Roi de parler, ils répondirent qu'ils n'avaient pas ouï la proposition de Monsieur le Duc ; sur quoi, de main en main, on leur envoya son papier, pendant quoi le Garde des sceaux répéta fort haut ce que le Régent avait ajouté sur l'ancienneté de pairie du maréchal de Villeroy au-dessus du duc du Maine. Blancmesnil ne fit que jeter les yeux sur le papier de Monsieur le Duc, et parla. Après quoi le Garde des sceaux fut aux voix [6]. Je donnai la mienne assez haut, et dis : « Pour cette af-

---

1. Parce qu'il avait la voix faible. — 2. On a déjà vu (p. 129, l. 35) que les maréchaux étaient généralement favorables au duc du Maine. — 3. Jacques de Berhingen (1651-1723), cousin par sa mère du Maréchal d'Huxelles : voir la ligne 198. — 4. Cf. le beau portrait du maréchal (II, 165-166) : « un grand chapeau clabaud », c'est-à-dire à bords retombant comme les oreilles d'un chien clabaud. — 5. « Comme si on en ôtait des vis » (Littré). — 6. Alla recueillir les votes.

faire-ci, Monsieur, j'y opine[1] de bon cœur à donner la surintendance de l'éducation du Roi à Monsieur le Duc. »

La prononciation faite, le Garde des sceaux appela le greffier en chef, lui ordonna d'apporter ses papiers et son petit bureau près du sien pour faire tout présentement, et tout de suite, et en présence du Roi, tous les enregistrements de tout ce qui venait d'être lu et ordonné, et les signer. Cela se fit sans difficulté aucune, dans toutes les formes, sous les yeux du Garde des sceaux, qui ne les levait pas de dessus ; mais, comme il y avait cinq ou six pièces à enregistrer, cela fut long à faire.

J'avais fort observé le Roi[2] lorsqu'il fut question de son éducation ; je ne remarquai en lui aucune sorte d'altération, de changement, pas même de contrainte. Ç'avait été le dernier acte du spectacle ; il en était tout frais[3] lorsque les enregistrements s'écrivirent. Cependant, comme il n'y avait plus de discours qui occu-

---

• **Les pairs contre les princes du sang**

Un moment dramatique (*Quelques pairs même, excités par M. de Metz...*, p. 132, l. 137 et suiv.) : observer le léger suspens dû aux récriminations des pairs, et l'effet produit sur l'auteur (contrariété).

Remarquer la désinvolture de Saint-Simon (p. 133, l. 143-144) à l'égard des pairs, dont il fait toujours si grand cas, théoriquement du moins.

① Les détails : distinguer leur importance différente (valeur de signal des plumes agitées [p. 133, l. 158] : cassation du jugement si les pairs votaient, étant alors juges et parties).

② L'insinuation : expliquer *ou qu'il n'en voulut avoir* (p. 133, l. 156-157).

③ Expliquer les raffinements dans la vindicte envers le duc du Maine (p. 134, l. 186 et suiv.) et dans la méfiance de procédure (enregistrement sur place).

④ Les réactions : étudier leur intensité et leur variété.

⑤ Analyser l'originalité de l'expression : *se démonta le visage à vis...* (p. 134, l. 202-203).

⑥ D'après les pages 128-136, étudier :
— l'expression et la volupté de la vengeance;
— la valeur théâtrale et les instantanés;
— la progression du récit et l'expressivité.

---

1. J'accepte. — 2. Louis XV, encore enfant. — 3. « En avait la mémoire récente » (Littré).

passent, il se mit à rire avec ceux qui se trouvèrent à portée de lui, à s'amuser de tout, jusqu'à remarquer que le duc de Louvigny, quoique assez éloigné de son trône, avait un habit de velours, à se moquer de la chaleur qu'il en avait, et tout cela avec grâce [1]. Cette indifférence pour M. du Maine frappa tout le monde et démentit publiquement ce que ses partisans essayèrent de répandre que [2] les yeux lui avaient rougi, mais que, ni au lit de justice ni depuis, il n'en avait osé rien témoigner. Or, dans la vérité, il eut toujours les yeux secs et sereins, et il ne prononça le nom du duc du Maine qu'une seule fois depuis, qui fut l'après-dînée du même jour, qu'il demanda où il allait d'un air très indifférent, sans en rien dire davantage, ni depuis, ni nommer ses enfants ; aussi ceux-ci ne prenaient guères la peine de le voir, et quand ils y allaient, c'était pour avoir jusqu'en sa présence leur petite cour à part et se divertir entre eux. Pour le duc du Maine, soit politique, soit qu'il crût qu'il n'en était pas encore temps, il ne le voyait que les matins, quelque temps à son lit, et plus du tout de la journée, hors les fonctions d'apparat.

Pendant l'enregistrement je promenais doucement mes yeux de toutes parts, et, si je les contraignis avec constance, je ne pus résister à la tentation de m'en dédommager sur le premier président. Je l'accablai donc à cent reprises, dans la séance, de mes regards assenés et forlongés [3] avec persévérance. L'insulte, le mépris, le dédain, le triomphe, lui furent lancés de mes yeux jusqu'en ses moelles ; souvent il baissait la vue quand il attrapait mes regards ; une fois ou deux il fixa le sien sur moi, et je me plus à l'outrager par des sourires dérobés, mais noirs, qui achevèrent de le confondre. Je me baignais dans sa rage et je me délectais à le lui faire sentir. Je me jouais de lui quelquefois avec mes deux voisins, en le leur montrant d'un clin d'œil, quand il pouvait s'en apercevoir ; en un mot, je m'espaçai sur [4] lui sans ménagement aucun autant qu'il me fut possible.

(VI, 168-174.)

1. N'oublions pas qu'il a alors huit ans. — 2. A savoir *que*. — 3. Terme de vénerie ; au sens figuré : prolongés. — 4. Je ne gardai aucune retenue contre...

TROISIÈME PARTIE

POLITIQUE ET RELIGION

1 *VUES ÉCONOMIQUES ET POLITIQUES*

Vauban (1633-1707) *Architecte, ingénieur, organisateur autant que soldat, cet homme admirable, après avoir couvert le territoire de forteresses aussi belles qu'efficaces, et épargné bien des vies par son art d'assiéger, a voulu soulager la misère du peuple en réformant les impôts ; on devine l'opposition des privilégiés à sa « Dîme royale ».*

Vauban s'appelait le Prestre, petit gentilhomme de Bourgogne tout au plus, mais peut-être le plus honnête homme et le plus vertueux de son siècle, et, avec la plus grande réputation du plus savant homme dans l'art des sièges et de la fortification, le plus simple, le plus vrai et le plus modeste. C'était un homme de médiocre taille, assez trapu, qui avait fort l'air de guerre, mais en même temps un extérieur rustre et grossier, pour ne pas dire brutal et féroce. Il n'était rien moins : jamais homme plus doux, plus compatissant, plus obligeant, mais respectueux sans nulle politesse [1], et le plus avare ménager de la vie des hommes, avec une valeur [2] qui prenait tout sur soi et donnait tout aux autres. Il est inconcevable qu'avec tant de droiture et de franchise, incapable de se prêter à rien de faux ni de mauvais, il ait pu gagner au point qu'il fit l'amitié et la confiance de Louvois et du Roi.

(II, 160-161.)

---

1. Par nature, et non par effort de *politesse*. — 2. Un courage.

Voici son projet de réforme fiscale :

Vauban donc abolissait toutes sortes d'impôts, auxquels il en substituait un unique, divisé en deux branches, auxquelles il donnait le nom de *dîme royale* : l'une sur les terres, par un dixième de leur produit ; l'autre, léger, par estimation, sur le commerce et l'industrie, qu'il estimait devoir être encouragés l'un et l'autre, bien loin d'être accablés. Il prescrivait des règles très simples, très sages et très faciles pour la levée et la perception de ces deux droits suivant la valeur de chaque terre et par rapport au nombre d'hommes sur lequel on peut compter avec le plus d'exactitude dans l'étendue du Royaume. Il ajouta la comparaison de la répartition en usage avec celle qu'il proposait, les inconvénients de l'une et de l'autre, et réciproquement leurs avantages, et conclut par des preuves en faveur de la sienne, d'une netteté et d'une évidence à ne s'y pouvoir refuser. Aussi cet ouvrage reçut-il les applaudissements publics, et l'approbation des personnes les plus capables de ces calculs et de ces comparaisons, les plus versées en toutes ces matières, qui en admirèrent la profondeur, la justesse, l'exactitude et la clarté. Mais ce livre avait un grand défaut : il donnait, à la vérité, au Roi plus qu'il [1] ne tirait par les voies jusqu'alors pratiquées [2], il sauvait aussi les peuples de ruine et de vexations [3], et les enrichissait en leur laissant tout ce qui n'entrait point dans les coffres du Roi, à peu de choses près ; mais il ruinait une armée de financiers, de commis, d'employés de toute espèce, il les réduisait à chercher à vivre à leurs dépens [4], et non plus à ceux du public, et il sapait par les fondements ces fortunes immenses qu'on voit naître en si peu de temps. C'était déjà de quoi échouer. [...]

Ce ne fut donc pas merveille si le Roi, prévenu et investi [5] de la sorte, reçut très mal le maréchal de Vauban lorsqu'il lui présenta son livre, qui lui était adressé dans tout le contenu de l'ouvrage. On peut

1. Le Roi. — 2. Il rapportait plus à l'État que le système en cours. — 3. Vexation : « action de tourmenter » (Littré). — 4. *A leurs* propres *dépens*. — 5. Assiégé de tous côtés (par les protestations des financiers).

juger si les ministres à qui il le présenta lui firent un meilleur accueil. De ce moment, ses services, sa capacité militaire, unique en son genre, ses vertus, l'affection que le Roi y avait mise jusqu'à croire se couronner de lauriers en l'élevant, tout disparut à l'instant de ses yeux : il ne vit plus en lui qu'un insensé pour l'amour du public [1], et qu'un criminel qui attentait à l'autorité de ses ministres, par conséquent à la sienne ; il s'en expliqua de la sorte sans ménagement. L'écho en retentit plus aigrement encore dans toute la nation [2] offensée, qui abusa sans aucun ménagement de sa victoire, et le malheureux maréchal, porté dans tous les cœurs français, ne put survivre aux bonnes grâces de son maître, pour qui il avait tout fait, et mourut peu de mois après, ne voyant plus personne, consommé de douleur et d'une affliction que rien ne put adoucir, et à laquelle le Roi fut insensible jusqu'à ne pas faire semblant de [3] s'apercevoir qu'il eût perdu un serviteur si utile et si illustre. Il n'en fut pas moins célébré par toute l'Europe, et par les ennemis même, ni moins regretté en France de tout ce qui n'était pas financier, ou suppôts de financiers. [...]
On n'oublia pas l'éveil qu'il donna de la dîme, et, quelque temps après, au lieu de s'en contenter pour tout impôt suivant le système du maréchal de Vauban, on l'imposa sur tous les biens de tout genre en sus de tous les autres impôts ; on l'a renouvelé en toute occasion de guerre, et, même en paix, le Roi l'a toujours retenu sur tous les appointements, les gages et les pensions. Voilà comment il se faut garder en France des plus saintes et des plus utiles intentions, et comment on tarit toute source de bien !

(II, 770-773.)

L'année 1709 L'hiver, comme je l'ai déjà remarqué, avait été terrible, et tel que, de mémoire d'homme, on ne se souvenait d'aucun qui en eût approché. Une gelée qui dura près de deux mois

1. « L'intérêt public » (Littré). — 2. « Toute espèce de gens considérés comme faisant une sorte de nation à part » (Littré) ; ici, les financiers. — 3. Faire semblant de ne pas...

de la même force avait, dès ses premiers jours, rendu les rivières solides jusqu'à leur embouchure, et les bords de la mer capables de porter des charrettes qui y voituraient les plus grands fardeaux. Un faux dégel fondit les neiges qui avaient couvert la terre pendant ce temps-là ; il fut suivi d'un subit renouvellement de gelée aussi forte que la précédente trois autres semaines durant. La violence de toutes les deux fut telle que l'eau de la reine d'Hongrie [1], les élixirs les plus forts et les liqueurs les plus spiritueuses [2] cassèrent leurs bouteilles dans les armoires de chambres à feu [3] et environnées de tuyaux de cheminées, dans plusieurs appartements du château de Versailles, où j'en vis plusieurs ; et, soupant chez le duc de Villeroy, dans sa petite chambre à coucher, les bouteilles sur le manteau de la cheminée, sortant de sa très petite cuisine, où il y avait grand feu, et qui était de plain-pied à sa chambre, une très petite antichambre entre-deux, les glaçons tombaient dans nos verres. C'est le même appartement qu'a aujourd'hui son fils. Cette seconde gelée perdit tout. Les arbres fruitiers périrent ; il ne resta plus ni noyers, ni oliviers [4], ni pommiers, ni vignes, à si peu près que ce n'est pas la peine d'en parler. Les autres arbres moururent en très grand nombre, les jardins périrent, et tous les grains [5] dans la terre. On ne peut comprendre [6] la désolation de cette ruine générale. Chacun resserra son vieux grain ; le pain enchérit à proportion du désespoir de la récolte. Les plus avisés ressemèrent des orges dans les terres où il y avait eu du blé, et furent imités de la plupart : ils furent les plus heureux, et ce fut le salut ; mais la police s'avisa de le défendre, et s'en repentit trop tard [7]. Il se publia divers édits sur les blés, on fit des recherches des amas, on envoya des commissaires par les provinces trois mois après les avoir annoncés, et toute cette conduite acheva de porter au comble l'indigence et la cherté, dans le temps qu'il était évident, par les supputations [8], qu'il

1. Médicament à base d'alcool distillé sur du romarin. — 2. *Les plus* fortes en alcool. — 3. Chauffées. — 4. Arbres spécialement résistants (cf. gelées de février 1956). — 5. Les « semences » (Littré). — 6. Se représenter totalement. — 7. Après l'avoir défendu. — 8. Calculs.

y avait pour deux années entières de blés en France, pour la nourrir toute entière, indépendamment d'aucune moisson. Beaucoup de gens crurent donc que Messieurs des finances avaient saisi cette occasion de s'emparer des blés par des émissaires répandus dans tous les marchés du Royaume, pour le vendre ensuite aux prix qu'ils y voudraient mettre au profit du Roi, sans oublier le leur. Une quantité fort considérable de bateaux de blé se gâtèrent sur la Loire, qu'on fut obligé de jeter à l'eau, et que le Roi avait achetés, ne diminuèrent pas cette opinion, parce qu'on ne put cacher l'accident. Il est certain que le prix du blé était égal dans tous les marchés du Royaume ; qu'à Paris, des commissaires y mettaient le prix à mainforte [1], et obligeaient souvent les vendeurs à le hausser malgré eux ; que, sur les cris du peuple combien [2] cette cherté durerait, il échappa à quelques-uns des commissaires, et dans un marché à deux pas de chez moi, près Saint-Germain-des-Prés, cette réponse assez claire : *Tant qu'il vous plaira*, comme faisant entendre, poussés de compassion et d'indignation tout ensemble, tant que le peuple souffrirait qu'il n'entrât de blé dans Paris que sur [3] les billets d'Argenson ; et il n'y entrait point autrement. D'Argenson, que la Régence a vu tenir les sceaux, était alors lieutenant de police, et fut fait en ce même temps conseiller d'État sans quitter la police. La rigueur de la contrainte fut poussée à bout sur les boulangers, et ce que je raconte fut uniforme par toute la France, les intendants faisant dans leurs généralités ce qu'Argenson faisait à Paris, et, par [4] tous les marchés, le blé qui ne se trouvait pas vendu au prix fixé à l'heure marquée pour finir le marché se remportait forcément [5], et ceux à qui la pitié le faisait donner à un moindre prix étaient punis avec cruauté.

(III, 83-84.)

Avec cela, néanmoins, les payements les plus inviolables commencèrent à s'altérer. Ceux de la douane, ceux des diverses caisses d'emprunts, les

---

1. « Par la force » (Littré). — 2. Sous-entendu : « demandant ». — 3. « Moyennant, en considération de » (Littré). — 4. Parmi. — 5. « Par contrainte » (Littré).

rentes de l'hôtel de ville, en tout temps si sacrées, tout fut suspendu, ces dernières seulement continuées, mais avec des délais, puis des retranchements qui désolèrent [1] presque toutes les familles de Paris, et bien d'autres. En même temps, les impôts haussés, multipliés, exigés avec les plus extrêmes rigueurs, achevèrent de dévaster la France. Tout renchérit au-delà du croyable tandis qu'il ne restait plus de quoi acheter au meilleur marché, et, quoique la plupart des bestiaux eussent péri faute de nourriture, et par la misère de ceux qui en avaient dans les campagnes, on mit dessus une nouvelle monopole [2]. Grand nombre de gens qui, les années précédentes, soulageaient les pauvres, se trouvèrent réduits à subsister à grand-peine, et beaucoup de ceux-là à recevoir l'aumône en secret. Il ne se peut dire combien d'autres briguèrent [3] les hôpitaux, naguères la honte et le supplice des pauvres, combien d'hôpitaux ruinés revomissant leurs pauvres à la charge publique, c'était à dire alors à mourir effectivement de faim, et combien d'honnêtes familles expirantes dans les greniers. Il ne se peut dire aussi combien tant de

---

- **Vauban, auteur de « la Dîme royale »**

① La vertu : montrer sa mise en valeur par le contraste (*petit gentilhomme*, p. 137, l. 1; aspect ingrat) et l'antiphrase (*ce livre avait un grand défaut*, p. 138, l. 22), ainsi que par la révélation des suites données aux idées de Vauban : p. 139, l. 59-68.

② Les privilégiés : analyser leurs moyens d'offensive contre l'ouvrage et contre l'institution.

- **L'hiver de 1709**

③ L'art : montrer l'intensité, l'enchaînement et la gradation des effets de l'hiver (*Les plus avisés...*, p. 140, l. 32-36; expliquer cette phrase) et noter le recours à un exemple vécu par l'auteur (souci de véracité et d'authenticité).

④ L'administration : relever les traits d'inhumanité des responsables; dégager l'abus dans le système des impôts, et l'effet à contresens du but visé.

---

1. Désoler : « causer peine et tourment par ce qui appauvrit » (Littré). — 2. « Imposition onéreuse établie sur les marchandises » (Littré) ; noter que Saint-Simon emploie le mot au féminin. — 3. Briguer : « solliciter avec ardeur » (Littré).

misère échauffa le zèle et la charité, ni combien immenses furent les aumônes ; mais, les besoins croissant à chaque instant, une charité indiscrète et tyrannique imagina des taxes et un impôt pour les pauvres. Elles s'étendirent avec si peu de mesure en sus de tant d'autres, que ce surcroît mit une infinité de gens plus qu'à l'étroit au-delà de ce qu'ils y étaient déjà, en dépitèrent un grand nombre, dont elles tarirent les aumônes volontaires : en sorte que, outre l'emploi de ces taxes peut-être mal géré, les pauvres en furent beaucoup moins soulagés.

(III, 87-88.)

Après la spéculation sur la misère, la gabegie administrative et la tendance cumulative des impôts, Saint-Simon analyse un phénomène tout aussi peu démodé, dans les liens économiques entre nations : la colonisation économique de la Hollande par les Anglais.

Il expose également un projet de réforme que nous pourrions baptiser : la « nationalisation des salines ». Effet moral du système de Law; la dangereuse cupidité d'un prince :

Law et le prince de Conti La place de contrôleur général que Law occupait si nouvellement ne le mit pas à l'abri du pistolet sur la gorge, pour ainsi dire, de M. le prince de Conti. Plus avide que pas un des siens, et que n'est-ce point dire ! il avait tiré des monts d'or de la facilité de M. le duc d'Orléans, et d'autres encore de Law en particulier. Non content encore, il voulut continuer. M. le duc d'Orléans s'en lassa ; il n'était pas content de lui. Le Parlement recommençait sourdement ses menées : elles commençaient même à se montrer, et le prince de Conti s'intriguait à tâcher d'y faire un personnage indécent à sa naissance [1], peu convenable à son âge [2], honteux après les monstrueuses grâces dont il était sans cesse comblé. Rebuté par le Régent, il espéra mieux de Law. Il fut trompé en son attente ; les prières,

1. Indigne de son rang princier. — 2. Il avait alors vingt-cinq ans.

les souplesses, les bassesses, car rien ne lui coûtait pour de l'argent, n'ayant rien opéré, il essaya la vive force, et n'épargna à Law ni les injures ni les menaces. En effet, il lui fit une telle peur [que] le prince de Conti, ne pouvant lui pis faire pour renverser sa Banque, y fut avec trois fourgons, qu'il ramena pleins d'argent pour le papier [1] qu'il avait, que Law n'osa refuser à ses emportements [2], et manifester par ce refus la sécheresse de ses fonds effectifs ; mais, craignant d'accoutumer à ces hauteurs et à cette tyrannie un prince aussi insatiable, il ne le vit pas plus tôt parti avec son convoi, qu'il en fut porter ses plaintes à M. le duc d'Orléans. Le Régent en fut piqué ; il sentit les dangereuses suites et le pernicieux exemple d'un procédé si violent à l'égard d'un étranger sans appui qu'il venait de faire contrôleur général bien légèrement. Il se mit en colère, envoya chercher le prince de Conti, et contre son naturel lui lava si bien la tête, qu'il n'osa branler et eut recours aux pardons ; mais, outré d'avoir échoué, peut-être plus encore que de la très verte réprimande, il eut recours au soulagement des femmes. Il se répandit en propos contre Law, qui ne lui firent plus de peur, et moins de mal encore, mais qui firent peu d'honneur à M. le prince de Conti, parce que la cause en était connue.

(VI, 500-501.)

- **Analyses économiques** (pp. 138-143)

  ① La netteté : la reconnaître dans le démontage et la critique des abus (primauté des intérêts privés, incohérence et injustice fiscales).

  ② La modernité : dans le type d'explication (économique pour la politique) et dans l'analyse.

- **Le système de Law** (pp. 143-144)

  ③ Montrer qu'à la révolte du sens moral (exploitation, ignominie d'un prince) se joint, chez l'auteur, celle de la raison (préciser les aspects satiriques).

---

1. En échange des billets. — 2. Colères.

Passons de l'économie à la politique, où notre duc abonde en critiques et projets.

Noblesse et bourgeoisie Mon dessein fut donc de commencer à mettre la noblesse dans le ministère avec la dignité et l'autorité qui lui convenait, aux dépens de la robe [1] et de la plume [2], et de conduire sagement les choses par degrés et selon les occurrences, pour que peu à peu cette roture [3] perdît toutes les administrations qui ne sont pas de pure judicature, et que seigneurs et toute noblesse fût peu à peu substituée à tous leurs emplois, et toujours supérieurement à ceux que leur nature ferait exercer par d'autres mains, pour soumettre tout à la noblesse en toute espèce d'administration, mais avec les précautions nécessaires contre les abus. Son abattement, sa pauvreté, ses mésalliances, son peu d'union, plus d'un siècle d'anéantissement [4], de cabales, de partis [5], d'intelligences [6] au dehors, d'associations au dedans, rendaient ce changement sans danger, et les moyens ne manquaient pas d'empêcher sûrement qu'il n'en vînt dans la suite. L'embarras fut l'ignorance, la légèreté, l'inapplication de cette noblesse accoutumée à n'être bonne à rien qu'à se faire tuer, à n'arriver à la guerre que par ancienneté, et à croupir du reste dans la plus mortelle inutilité, qui l'avait livrée à l'oisiveté et au dégoût de toute instruction hors de guerre, par l'incapacité d'état [7] de s'en pouvoir servir à rien. Il était impossible de faire le premier pas vers ce but sans renverser le monstre qui avait dévoré la noblesse, c'est-à-dire le contrôleur général et les secrétaires d'État, souvent désunis, mais toujours parfaitement réunis contre elle. C'est dans ce dessein que j'avais imaginé les conseils dont j'ai parlé [8].

(IV, 763-764.)

---

1. Des magistrats. — 2. Les administrateurs. — 3. Les non-nobles. — 4. D'insignifiance. — 5. « Union de plusieurs personnes contre d'autres qui ont un intérêt, une opinion contraire » (Littré). — 6. D'accords. — 7. Due à la condition sociale. — 8. Ceux qui fonctionnèrent au début de la Régence.

Définition des ministres [...] ces champignons de nouveaux ministres tirés en un moment de la poussière, et placés au timon de l'État, ignorants également d'affaires et de cour, également enorgueillis et enivrés, incapables de résister, rarement même de se défier de ces sortes de souplesses, et qui ont la fatuité d'attribuer à leur mérite ce qui n'est prostitué qu'à la faveur.

[...] des hommes qui, tirés de la poussière et tout à coup portés à la plus sûre et la plus suprême puissance, étaient si accoutumés à régner en plein sous le nom du Roi, auquel ils osaient même substituer quelquefois le leur, en usage tranquille et sans contredit de faire et de défaire les fortunes, d'attaquer avec succès les plus hautes, d'être les maîtres des plus patrimoniales [1] de tout le monde, de disposer avec toute autorité du dedans et du dehors de l'État, de dispenser à leur gré toute considération, tout châtiment, toute récompense, de décider de tout hardiment par un *le Roi le veut*, de sécurité entière même à l'égard de leurs confrères, de ce que qui que ce fût n'osait ouvrir la bouche au Roi de rien qui pût regarder leur personne, leur famille, ni leur administration, sous peine d'en devenir aussitôt la victime exemplaire pour quiconque l'eût hasardé, par conséquent en toute liberté de taire, de dire, de tourner toutes choses au Roi comme

---

- **Saint-Simon réformateur** (p. 145)

① Une chimère : mettre en évidence ce caractère en dégageant la contradiction interne du projet (rendre responsable une noblesse reconnue pourtant incapable) et l'hiatus entre le régime rejeté (despotisme administratif des bourgeois) et le régime envisagé (qui présuppose une rééducation de la noblesse).

- **Premiers ministres** (p. 147)

② La théorie : dégager l'effet funeste de la fonction (isolement).

③ L'expérience : l'auteur se souvient de Dubois (voir pp. 152-153) et de M. le Duc (voir aussi p. 159, l. 71-77).

---

1. Fortunes venues d'héritage et formant des biens de famille.

il leur convenait, en un mot rois d'effet, et presque de représentation [1]. (III, 968 et 974.)

Premiers ministres On voit de quel funeste poison est un premier ministre à un royaume, soit par intérêt, soit par aveuglement. Quel qu'il soit, il tend avant tout et aux dépens de tout à conserver, affermir, augmenter sa puissance ; par conséquent son intérêt ne peut être celui de l'État qu'autant qu'il peut concourir ou compatir [2] avec le sien particulier. Il ne peut donc chercher qu'à circonvenir son maître, à fermer tout accès à lui, pour être le seul qui lui parle et qui soit uniquement le maître de donner aux choses et aux personnes le ton et la couleur qui lui convient, et pour cela se rendre terrible et funeste à quiconque oserait dire au roi le moindre mot qui ne fût pas de la plus indifférente bagatelle. Cet intérêt de parler seul et d'être écouté seul lui est si cher et si principal, qu'il n'est rien qu'il n'entreprenne et qu'il n'exécute pour s'affranchir là-dessus de toute inquiétude. L'artifice et la violence ne lui coûtent rien pour perdre quiconque lui peut causer la moindre jalousie sur un point si délicat, et pour donner une si terrible leçon là-dessus, que nul sans exception ni distinction n'ose s'y commettre [3]. Par même raison, moins il est supérieur en capacité et en expérience, moins veut-il s'exposer à consulter, à se laisser représenter [4], à choisir sous lui de bons ministres, soit pour le dedans, soit pour le dehors. Il sent que, ayant un intérêt autre que celui de l'État, il réfuterait mal les objections qu'ils pourraient lui faire, parce que son opposition à s'y rendre viendrait de cet intérêt personnel qu'il veut cacher ; c'est par cette raison, et par celle de craindre d'être jamais pénétré, qu'il ne veut choisir que des gens bornés et sans expérience, qu'il écarte tout mérite avec le plus grand soin, qu'il redoute les personnes d'esprit, les gens capables et d'expérience ; d'où il résulte qu'un gouvernement de premier ministre ne peut être que pernicieux. (V, 1310-1311.)

---

1. « Qualité d'une personne qui tient la place d'une autre » (Littré). — 2. « Être compatible » (Littré). — 3. S'y risquer. — 4. Remplacer par délégation de pouvoir.

2 *GRANDS COMMIS*

Louvois (1641-1691)

Chronologiquement, il précède la période des « Mémoires » ; mais, inventeur du tableau d'avancement militaire qui substitue l'ancienneté de service au rang nobiliaire, c'est une bête noire de Saint-Simon, qui voit en lui un modèle de tyrannie administrative maléfique.

Louvois était surintendant des bâtiments. Le Roi, qui avait le coup d'œil de la plus fine justesse, s'aperçut d'une fenêtre de quelque peu plus étroite que les autres. Les trémeaux [1] ne faisaient encore que de s'élever, et n'étaient pas joints par le haut. Il la montra à Louvois pour la réformer, ce qui était alors très aisé : Louvois soutint que la fenêtre était bien ; le Roi insista, et le lendemain encore, sans que Louvois, qui était entier, brutal et enflé de son autorité, voulût céder. Le lendemain, le Roi vit le Nostre [2] dans la galerie. Quoique son métier ne fût guères que les jardins, où il excellait, le Roi ne laissait pas de le consulter sur ses bâtiments ; il lui demanda s'il avait été à Trianon. Le Nostre répondit que non ; le Roi lui ordonna d'y aller. Le lendemain, il le vit encore : même question, même réponse. Le Roi comprit à quoi il tenait [3] : tellement que, un peu fâché, il lui commanda de s'y trouver l'après-dînée même, à l'heure qu'il y serait avec Louvois. Pour cette fois, le Nostre n'osa y manquer. Le Roi arrivé et Louvois présent, il fut question de la fenêtre, que Louvois opiniâtra toujours de largeur égale aux autres. Le Roi voulut que le Nostre l'allât mesurer, parce qu'il était droit et vrai, et qu'il dirait librement ce qu'il aurait trouvé. Louvois, piqué [4], s'emporta : le Roi, qui ne le fut pas moins, le laissait dire ; et cependant le Nostre, qui aurait bien voulu n'être pas là, ne bougeait. Enfin le Roi le fit aller ; et cependant Louvois toujours à gronder, et à maintenir l'égalité de la fenêtre avec audace et peu de mesure. Le Nostre trouva et dit que le Roi avait raison de quelques

1. Ou trumeaux : « partie d'un mur de face comprise entre deux baies » (Littré). — 2. Jardinier des Tuileries, contrôleur général des bâtiments et jardins (1613-1700). — 3. La crainte d'une dispute avec Louvois. — 4. Fâché.

pouces [1] : Louvois voulut imposer ; mais le Roi, à la fin trop impatienté, le fit taire, lui commanda de faire défaire la fenêtre à l'heure même, et, contre sa modération ordinaire, le malmena fort durement. Ce qui outra le plus Louvois, c'est que la scène se passa non seulement devant les gens des bâtiments, mais en présence de tout ce qui suivait le Roi en ses promenades, seigneurs, courtisans, officiers des gardes et autres, et même de tous les valets, parce qu'on ne faisait presque que sortir le bâtiment de terre, qu'on était de plain-pied à la cour, à quelques marches près, que tout était ouvert, et que tout suivait partout. La vesperie [2] fut forte et dura assez longtemps, avec les réflexions des conséquences de la faute de cette fenêtre, qui, remarquée plus tard, aurait gâté toute cette façade, et aurait engagé à l'abattre. Louvois, qui n'avait pas accoutumé d'être traité de la sorte, revint chez lui en furie et comme un homme au désespoir. Saint-Pouenge, les Tilladets et ce peu de familiers de toutes ses heures, en furent effrayés et, dans leur inquiétude, tournèrent [3] pour tâcher de savoir ce qui était arrivé. A la fin il le leur conta, dit qu'il était perdu, et que, pour quelques pouces, le Roi oubliait tous ses services, qui lui avaient valu tant de conquêtes, mais qu'il y mettrait ordre, et qu'il lui susciterait une guerre telle qu'il lui ferait avoir besoin de lui et laisser là la truelle ; et de là s'emporta en reproches et en fureurs. Il ne mit guères à tenir parole [4] : il enfourna la guerre par l'affaire de la double élection de Cologne, du prince de Bavière et du cardinal de Fürstenberg. Il la confirma en portant les flammes dans le Palatinat [5].

(III, 44-45.)

• **Portrait de Louvois** (pp. 148-149)

Valeur historique : reconnaître comme contestables l'anecdote même (fort discutée) et la causalité.

Valeur narrative : elle est utilisée pour donner le beau rôle à Louis XIV (critiqué ailleurs) afin de mieux accabler Louvois.

---

1. Douzième du pied qui mesurait 0,324 m (donc un pouce vaut 27 mm). — 2. « Réprimande » (Littré). — 3. *Tourner* : « essayer, tenter » (Littré). — 4. L'épisode étant historiquement contesté, le lien est *a fortiori* discutable. — 5. Cela du moins n'est pas légende.

Les ducs de Beauvillier (1648-1714) et de Chevreuse (1646-1712) *Ministres, l'un officiel, l'autre officieux, esprits d'élite, grands seigneurs, époux de deux filles de Colbert, gouverneurs du duc de Bourgogne, amis de Fénelon et de Saint-Simon.*

Le Chancelier, quoique ami du duc de Chevreuse, me disait quelquefois plaisamment des deux beaux-frères, qu'il était merveilleux, liés comme ils étaient par l'habitude de toute leur vie jusqu'à n'être tous deux qu'un cœur, une âme, un esprit, un sentiment, [que] M. de Beauvillier eût un ange qui, à point nommé, l'arrêtait, et ne manquait jamais de le détourner de tout ce que M. de Chevreuse avait de nuisible, et quelquefois d'insupportable, l'un [1] dans sa conduite, qui ruinait ses affaires et sa santé, l'autre [2] dans ses raisonnements; un ange qui lui faisait pratiquer tout l'opposé, qui, dans tout le reste, ne troublait en rien leur union, et, par cela même, ne l'altérait pas. En effet rien de plus opposé que le désordre et le bon état des affaires de l'un [3] et de l'autre [4], avec toute l'application de l'un [3], et une plus générale de l'autre [4]; que l'austérité de la sobriété de l'un [3], et l'ample nourriture de l'autre [4], l'un [3] persuadé par philosophie et par le livre de Cornaro, l'autre [4] par Fagon; la précision jusqu'à une minute des heures de M. de Beauvillier, l'homme le plus avare de son temps, et qui faisait des excuses à son cocher s'il [4] n'arrivait pas avec justesse au moment qu'il avait demandé son carrosse, et l'incurie de M. de Chevreuse de se faire toujours attendre, dont on a vu en leur lieu [5] des exemples plaisants, et son ignorance des heures, quoique jaloux aussi de son temps; enfin, l'exactitude de l'un [4] à tout faire et finir avec justesse, tandis que l'autre [3] faisait sans cesse, et paraissait ne jamais finir. Aussi M. de Beauvillier qui voulait le bien en tout, s'en contentait, et M. de Chevreuse, qui cherchait le mieux, manquait bien souvent l'un et l'autre. M. de Beauvillier voyait les choses comme elles étaient; il était ennemi des chimères, il pesait tout

1. Le *nuisible*. — 2. L'*insupportable*. — 3. Chevreuse. — 4. Beauvillier. — 5. Cf. IV, 91-92.

avec exactitude, comparait les partis avec justesse, demeurait inébranlable dans son choix sur des fondements certains. M. de Chevreuse, avec plus d'esprit et, sans comparaison, plus de savoir en tout genre, voyait tout en blanc [1] et en pleine espérance jusqu'à ce qui en [2] offrait le moins, n'avait pas la justesse de l'autre ni le sens [3] si droit. Son trop de lumières, point assez ramassées, l'éblouissait par de faux jours, et sa facilité prodigieuse de concevoir et de raisonner [4] lui ouvrait tant de routes, qu'il était sujet à l'égarement, sans s'en apercevoir et de la meilleure foi du monde. Ces inconvénients n'étaient jamais en M. de Beauvillier, qui était préférable dans un conseil [5], et M. de Chevreuse dans toutes les académies. Il avait aussi une élocution plus naturellement diserte, entraînante, et dangereuse aussi, par les grâces qui y naissaient d'elles-mêmes, à entraîner dans le faux à

- **L'art du trait**

① L'étudier dans les formules (p. 150, l. 19-28; p. 150, l. 29-32), dans les métaphores (*Son trop de lumières...*, p. 151, l. 39-43).

- **L'art du portrait**

② Opposer (pp. 150 à 152) l'intérêt des contrastes et l'équivoque de leur expression (jeu peu évident des pronoms personnels); apprécier l'analyse de défauts conceptuels et rationnels avec leurs dangers.

③ Étudier l'art du portrait physique et moral chez Dubois (pp. 152-153) : valeur évocatrice, images, formules.

④ L'étude en profondeur : la reconnaître à propos des effets délétères de l'hypocrisie et dans la révélation fulgurante du cynisme et de l'égoïsme chez le parvenu (pp. 152-153).

⑤ La condamnation : voir qu'elle est constante, mais discrète même contre l'impiété chez un ecclésiastique; y reconnaître un désir de vérité, non de prudence (pp. 152-153).

---

1. « Sous un aspect favorable » (Littré). — 2. D'espérance. — 3. La raison. — 4. D'avoir des idées et de les agencer entre elles logiquement. — 5. De gouvernement.

force de chaînons [1], quand on lui avait passé une fois ses premières propositions en entier faute d'attention assez vigilante, et de donner [2] par cet entraînement dans le faux qu'à la fin on apercevait tout entier, mais déjà dans le branle [3] forcé de s'y sentir précipité. Enfin, pour achever ce contraste de deux hommes si unis jusqu'à n'être qu'un, le duc de Chevreuse ne pouvait se lever ni se coucher; M. de Beauvillier, réglé en tout, se levait fort matin, et se couchait de bonne heure, c'est-à-dire qu'il sortait de table au commencement du fruit [4], et qu'il était couché avant que le souper fût fini. (IV, 405-406.)

Dubois (1656-1723) *Premier ministre du Régent, et bête noire de Saint-Simon en tant que tel et comme pervertisseur du Régent dont il avait été le précepteur.*

L'abbé Dubois était un petit homme maigre, effilé, chafouin, à perruque blonde, à mine de fouine, à physionomie d'esprit, qui était en plein ce qu'un mauvais français appelle un sacre [5], mais qui ne se peut guères exprimer autrement. Tous les vices combattaient en lui à qui en demeurerait le maître. Ils y faisaient un bruit et un combat continuel entre eux. L'avarice, la débauche, l'ambition étaient ses dieux ; la perfidie, la flatterie, les servages, ses moyens ; l'impiété parfaite son repos, et l'opinion que la probité et l'honnêteté sont les chimères dont on se pare, et qui n'ont de réalité dans personne, son principe en conséquence duquel tous moyens lui étaient bons. Il excellait en basses intrigues ; il en vivait ; il ne pouvait s'en passer, mais toujours avec un but où toutes ses démarches tendaient, avec une patience qui n'avait de terme que le succès ou la démonstration réitérée de n'y pouvoir arriver, à moins que, cheminant ainsi dans la profondeur et les ténèbres, il ne vît jour à mieux en ouvrant un autre boyau [6]. Il passait ainsi sa vie dans les sapes [7].

1. De raisonnement suivi. — 2. « S'engager » (Littré). — 3. « Impulsion » (Littré). — 4. « Dessert, dernier service après les viandes et les entremets » (Littré). — 5. « Grand oiseau de proie du genre faucon; homme capable de toutes sortes de rapacités et même de crimes » (Littré). — 6. « Ligne... qui, allant en serpentant..., sert à joindre d'autres ouvrages » (Littré). — 7. « Ouvrage fait sous terre pour renverser une muraille... etc. » (Littré).

Le mensonge le plus hardi lui était tourné en nature, avec un air simple, droit, sincère, souvent honteux. Il aurait parlé avec grâce et facilité, si le dessein de pénétrer les autres en parlant, et la crainte de s'avancer plus qu'il ne voulait, ne l'avaient accoutumé à un bégaiement factice qui le déparait, et qui, redoublé quand il fut arrivé à se mêler de choses importantes, devint insupportable, et quelquefois inintelligible. Sans ses contours [1] et le peu de naturel qui perçait malgré ses soins, sa conversation aurait été aimable. Il avait de l'esprit, assez de lettres [2], d'histoire et de lecture, beaucoup de monde [3], force envie de plaire et de s'insinuer, mais tout cela gâté par une fumée de fausseté qui sortait malgré lui de tous ses pores, et jusque de sa gaieté, qui attristait par là. Méchant d'ailleurs avec réflexion, et par nature et par raisonnement, traître et ingrat, maître expert aux compositions des plus grandes noirceurs, effronté à faire peur étant pris sur le fait, désirant tout, enviant tout, et voulant toutes les dépouilles. On connut après, dès qu'il osa ne se plus contraindre, à quel point il était intéressé, débauché, inconséquent, ignorant en toute affaire, passionné toujours, emporté, blasphémateur et fou, et jusqu'à quel point il méprisa publiquement son maître [4] et l'État, le monde sans exception et les affaires, pour les sacrifier à soi tous et toutes, à son crédit, à sa puissance, à son autorité absolue, à sa grandeur, à son avarice, à ses frayeurs, à ses vengeances. Tel fut le sage à qui Monsieur confia les mœurs de son fils unique à former.

(IV, 704-705.)

1. « Action de circonvenir » (Littré). — 2. « Connaissance que procure l'étude des livres » (Littré); culture livresque. — 3. Savoir-vivre. — 4. Le Régent.

3 *MAGISTRATS*

En général, Saint-Simon ne les aime pas ; il trouve parmi eux des fripons, au nombre desquels il est le seul à faire figurer le premier président Harlay, en qui il hait un adversaire heureux dans le procès des ducs et pairs animé par notre auteur contre le Maréchal de Luxembourg dès 1693.

Harlay (1639-1712) Harlay était un petit homme maigre à visage en losange, le nez grand et aquilin, des yeux de vautour qui semblaient dévorer les objets et percer les murailles, un rabat et une perruque noire mêlée de blanc, l'un et l'autre guères plus longs que les ecclésiastiques les portent, une calotte, des manchettes plates comme les prêtres et le Chancelier ; toujours en robe, mais étriquée ; le dos courbé ; une parole lente, pesée, prononcée ; une prononciation ancienne et gauloise [1], et souvent les mots de même ; tout son extérieur contraint, gêné, affecté ; l'odeur hypocrite, le maintien faux et cynique, des révérences lentes et profondes ; allant toujours rasant les murailles, avec un air toujours respectueux, mais à travers lequel pétillaient l'audace et l'insolence, et des propos toujours composés [2], à travers lesquels sortaient toujours l'orgueil de toute espèce, et, tant qu'il osait, le mépris et la dérision. Les sentences et les maximes étaient son langage ordinaire, même dans les propos communs ; toujours laconique, jamais à son aise, ni personne avec lui ; beaucoup d'esprit naturel, et fort étendu, beaucoup de pénétration, une grande connaissance du monde [3], surtout des gens avec qui il avait affaire, beaucoup de belles-lettres [4], profond dans la science du droit, et, ce qui malheureusement est devenu si rare, du droit public, une grande lecture et une

---

1. Gaulois : « suranné » (Littré). — 2. Composé : « Qui a un air de retenue » (L.). — 3. Des usages de la bonne société. — 4. Culture littéraire.

grande mémoire, et, avec une lenteur dont il s'était fait une étude, une justesse, une promptitude, une vivacité de reparties surprenante, et toujours présente ; supérieur aux plus fins procureurs dans la science du Palais, et un talent incomparable de gouvernement [1], par lequel il s'était tellement rendu le maître du Parlement, qu'il n'y avait aucun de ce corps [2] qui ne fût devant lui en écolier, et que la grand chambre et les enquêtes [3] assemblées n'étaient que des petits garçons en sa présence, qu'il dominait et qu'il tournait où et comme il le voulait, souvent sans qu'ils s'en aperçussent, et, quand ils le sentaient, sans oser branler devant lui, sans toutefois avoir jamais donné accès et aucune liberté ni familiarité avec lui à personne sans exception ; magnifique [4] par vanité aux occasions, ordinairement frugal par le même orgueil, et modeste de même dans ses meubles et dans son équipage, pour s'approcher des mœurs des anciens grands magistrats. C'est un dommage extrême que tant de qualités et de talents naturels et acquis se soient trouvés destitués de toute vertu, et n'aient été consacrés qu'au mal, à l'ambition, à l'avarice, au crime. Superbe [5],

---

- **Harlay** (pp. 154-156)

  Un portrait physique d'autant plus admirable que très bref.

  ① Un procès d'intention : bien distinguer des impressions concrètes et vraies (mais d'apparence) le jugement implicite (discutable).

  ② La présentation des défauts : en analyser le regroupement (contraste entre l'allure feutrée et l'orgueil, etc.).

  ③ Les précisions : détailler les diverses formes d'autorité sur le monde juridique; noter la finesse de vocabulaire (p. 156).

  ④ Une conception de la justice : confronter avec les pages 127-136 pour situer l'auteur entre la chicane (qu'il utilise dans ses procès) et le formalisme (qu'il rejette dans le gouvernement).

  ⑤ Sur les pages 150-156, établir la prééminence du portrait physique ou moral sur l'analyse du côté politique ou fonctionnel.

---

1. « Action de régir » (Littré). — 2. Cette compagnie. — 3. « Chambres des enquêtes » (Littré). — 4. « Qui se plaît à faire de grandes et éclatantes dépenses » (Littré). — 5. Orgueilleux.

venimeux, malin [1], scélérat par nature, humble, bas, rampant devant ses besoins, faux et hypocrite en toutes ses actions, même les plus ordinaires et les plus communes; juste avec exactitude entre Pierre et Jacques pour sa réputation, l'iniquité la plus consommée, la plus artificieuse, la plus suivie, suivant son intérêt, sa passion, et le vent surtout de la cour et de la fortune. On en a vu d'étranges preuves en faveur de M. de Luxembourg contre nous.

(II, 782-783.)

Le Chancelier d'Aguesseau (1668-1751) *exaspère son ami par son formalisme timoré et tatillon.*

... toujours en brassière [2] et en doute, en mesure, en retenue, arrêté par le tintamarre audacieux des uns, et par les doux mais profonds artifices des autres, incapable de se soutenir [3] contre les premiers à la longue, et de jamais subodorer [4] les autres...

(V, 526.)

Le garde des sceaux d'Argenson (1652-1721) *quoique moins intègre ou scrupuleux, satisfait plus notre duc, parce que plus expéditif, plus policier que magistrat.*

De sa nature il était royal et fiscal : il tranchait ; il était ennemi des longueurs, des formes inutiles ou qu'on pouvait sauter, des états neutres et flottants.

(V, 911.)

1. « Qui se plaît au mal » (Littré). — 2. Sans liberté de conduite. — 3. « Persévérer » (Littré). — 4. « Sentir de loin à la trace » (Littré).

4 *RELIGION*

La révocation de l'Édit de Nantes (1685) Le Roi était devenu dévot, et dévot dans la dernière ignorance. A la dévotion se joignit la politique. On voulut lui plaire par les endroits qui le touchaient le plus sensiblement, la dévotion et l'autorité. On lui peignit les huguenots avec les plus noires couleurs : un État dans un État, parvenu à ce point de licence à force de désordres, de révoltes, de guerres civiles, d'alliances étrangères, de résistance à force ouverte contre les rois ses prédécesseurs, et jusqu'à lui-même réduit à vivre en traités avec eux. Mais on se garda bien de lui apprendre la source de tant de maux, les origines de leurs divers degrés et de leurs progrès, pourquoi et par qui les huguenots furent premièrement armés, puis soutenus, et surtout de lui dire un seul mot des projets de si longue main pourpensés [1], des horreurs et des attentats de la Ligue [2] contre sa couronne, contre sa maison, contre son père, son aïeul et tous les siens. On lui voila avec tant de soin ce que l'Évangile, et, d'après cette divine loi, les apôtres et tous les Pères à leur suite, enseignent sur la manière de prêcher Jésus-Christ, de convertir les infidèles et les hérétiques, et de se conduire en ce qui regarde la religion. On toucha un dévot de la douceur de faire aux dépens d'autrui une pénitence facile, qu'on lui persuada sûre pour l'autre monde. On saisit l'orgueil d'un roi en lui montrant une action qui passait [3] le pouvoir de tous ses prédécesseurs, en lui détournant les yeux de tant de grands exploits personnels et de tant de hauts faits d'armes pensés et résolus par son héroïque père [4], et par lui-même [4] exécutés à la tête de ses troupes

1. « Médités mûrement » (Littré). — 2. Union de catholiques (en France, à la fin du XVIe siècle) contre le protestantisme, et qui fit la guerre à Henri III et Henri IV. — 3. Dépassait. — 4. Louis XIII.

avec une vaillance qui leur [1] en donnait et qui les fit vaincre souvent contre toute apparence dans les plus grands périls, en l'y voyant à leur tête aussi exposé qu'eux, et de toute la conduite de ce grand roi, qui abattit sans ressource ce grand parti huguenot, lequel avait soutenu sa lutte depuis François Ier avec tant d'avantages, et qui, sans la tête et le bras de Louis le Juste [2], ne serait pas tombé sous les volontés de Louis XIV.

Ce prince était bien éloigné d'arrêter sa vue sur un si solide emprunt [3]. On le détermina, lui qui se piquait si principalement de gouverner par lui-même, d'un chef-d'œuvre [4] tout à la fois de religion et de politique, qui faisait triompher la véritable par la ruine de toute autre, et qui rendait le roi absolu en brisant toutes ses chaînes avec les huguenots, et en détruisant à jamais ces rebelles, toujours prêts à profiter de tout pour relever leur parti et donner la loi à ses rois.

Les grands ministres n'étaient plus alors. Le Tellier au lit de la mort, son funeste fils [5] était le seul qui restât ; car Seignelay ne faisait guères que poindre. Louvois, avide de guerre, atterré sous le poids d'une trêve de vingt ans qui ne faisait presque que d'être signée, espéra qu'un si grand coup porté aux huguenots remuerait tout le protestantisme de l'Europe, et s'applaudit en attendant de ce que, le Roi ne pouvant frapper sur les huguenots que par ses troupes, il en serait le principal exécuteur, et par là de plus en plus en crédit. L'esprit et le génie de Mme de Maintenon, tel qu'il vient d'être représenté avec exactitude, n'était rien moins que propre ni capable d'aucune affaire au delà de l'intrigue. Elle n'était pas née [6] ni nourrie [7] à voir sur celle-ci au delà de ce qui lui en était présenté, moins encore pour ne pas saisir avec ardeur une occasion si naturelle de plaire, d'admirer, de s'affermir de plus en plus par la dévotion. Qui d'ailleurs eût su un mot de ce qui ne se délibérait qu'entre le confesseur, le ministre alors comme unique, et l'épouse nouvelle

1. A ses soldats. — 2. Louis XIII, dont toute cette phrase est le panégyrique, attendu chez Saint-Simon. — 3. L'imitation de son père. — 4. Évidente antiphrase. — 5. Louvois. — 6. Dotée de qualités natives. — 7. *Nourri* : « élevé, formé » (Littré).

et chérie, et qui de plus eût osé contredire ? C'est ainsi que sont menés à tout, par une voie ou par une autre, les rois qui, par grandeur, par défiance, par abandon à ceux qui les tiennent [1], par paresse ou par orgueil, ne se communiquent qu'à deux ou trois personnes, et bien souvent à moins, et qui mettent entre eux et tout le reste de leurs sujets une barrière insurmontable.

La révocation de l'Édit de Nantes sans le moindre prétexte et sans aucun besoin, et les diverses proscriptions plutôt que déclarations qui la suivirent, furent les fruits de ce complot affreux qui dépeupla un quart du royaume, qui ruina son commerce, qui l'affaiblit dans toutes ses parties, qui le mit si longtemps au pillage public et avoué des dragons, qui autorisa les tourments et les supplices dans lesquels ils firent réellement mourir tant d'innocents de tout sexe par milliers, qui ruina un peuple si nombreux, qui déchira un monde de familles, qui arma les parents contre les parents pour avoir leur bien et les laisser mourir de faim, qui fit passer nos manufactures aux étrangers, fit fleurir et regorger leurs États aux dépens du nôtre et leur fit bâtir de nouvelles villes, qui leur donna le spectacle d'un si prodigieux peuple proscrit, nu, fugitif, errant sans crime, cherchant asile loin de sa patrie ; qui mit nobles, riches, vieillards, gens souvent très estimés pour leur piété, leur savoir, leur vertu, des gens aisés, faibles, délicats, à la rame et sous le nerf [2] très effectif du comite [3], pour cause unique de religion, enfin qui, pour comble de toutes horreurs, remplit toutes les provinces du royaume de parjures et de sacrilège, où tout retentissait d'hurlements de ces infortunées victimes de l'erreur, pendant que tant d'autres sacrifiaient leurs consciences à leurs biens et à leur repos, et achetaient l'un et l'autre par des abjurations simulées, d'où sans intervalle on les traînait à adorer ce qu'ils ne croyaient point, et à recevoir réellement le divin corps du Saint des saints, tandis qu'ils demeuraient persuadés qu'ils ne mangeaient que du pain,

1. *Tenir* : « être maître de l'esprit, du cœur » (Littré). — 2. Le nerf de bœuf. — 3. « Officier préposé à la chiourme d'une galère » (Littré).

qu'ils devaient encore abhorrer. Telle fut l'abomination générale enfantée par la flatterie et par la cruauté. De la torture à l'abjuration, et de celle-ci à la communion, il n'y avait pas souvent vingt-quatre heures de distance, et leurs bourreaux étaient leurs conducteurs et leurs témoins. Ceux qui, par la suite, eurent l'air d'être changés avec plus de loisir, ne tardèrent pas, par leur fuite ou par leur conduite, à démentir leur prétendu retour.

Presque tous les évêques se prêtèrent à cette pratique subite et impie. Beaucoup y forcèrent ; la plupart animèrent les bourreaux, forcèrent les conversions, et ces étranges convertis à la participation des divins mystères, pour grossir le nombre de leurs conquêtes, dont ils envoyaient les états [1] à la cour pour en être d'autant plus considérés et approchés des récompenses. Les intendants des provinces[2] se distinguèrent à l'envi à les seconder, eux et les dragons [3], et à se faire valoir aussi à la cour par leurs listes. Le très peu de gouverneurs [4] et de lieutenants généraux [5] de province qui s'y trouvaient, et le petit nombre de seigneurs résidant chez eux, et qui purent trouver moyen de se faire valoir à travers les évêques et les intendants, n'y manquèrent pas.

Le Roi recevait de tous les côtés des nouvelles et des détails de ces persécutions et de toutes ces conversions. C'était par milliers qu'on comptait ceux qui avaient abjuré et communié : deux mille dans un lieu, six mille dans un autre, tout à la fois, et dans un instant. Le Roi s'applaudissait de sa puissance et de sa piété. Il se croyait au temps de la prédication des apôtres, et il s'en attribuait tout l'honneur. Les évêques lui écrivaient des panégyriques ; les jésuites en faisaient retentir les chaires et les missions. Toute la France était remplie d'horreur et de confusion, et jamais tant de triomphes et de joie, jamais tant de profusion de louanges. Le monarque ne doutait pas de la sincérité de cette foule de conversions ; les conver-

1. « Listes » (Littré). — 2. Chargés de l'administration d'une province (justice, police, finances). — 3. Voir p. 102, note 2. — 4. Chargés du commandement d'une province. — 5. Présidant un tribunal de sénéchaussée ou bailliage.

tisseurs avaient grand soin de l'en persuader et de le béatifier par avance. Il avalait ce poison à longs traits. Il ne s'était jamais cru si grand devant les hommes, ni si avancé devant Dieu dans la réparation de ses péchés et du scandale de sa vie. Il n'entendait que des éloges, tandis que les bons et vrais catholiques et les saints évêques gémissaient de tout leur cœur de voir des orthodoxes[1] imiter, contre les erreurs et les hérétiques, ce que les tyrans hérétiques et païens avaient fait contre la vérité, contre les confesseurs[2] et contre les martyrs. Ils ne se pouvaient surtout consoler de cette immensité de parjures et de sacrilèges. Ils pleuraient

---

• **La révocation de l'Édit de Nantes**

① Une comparaison : éclairer les allusions historiques à Louis XIII (*Louis le Juste*, p. 158, l. 40); y reconnaître la vénération habituelle de l'auteur pour ce roi et un moyen de rabaisser Louis XIV.

② Les causes de la révocation : voir qu'elles sont psychologiques, avec le rôle (à bien préciser) de l'ignorance générale et théologique du Roi, le rôle de l'orgueil et de la facilité (pénitence personnelle faite aux dépens d'autrui), le rôle de l'isolement propre aux rois absolus, et l'influence funeste de Louvois (cf. sur un autre plan, p. 149) et, plus accessoirement, de Mme de Maintenon (voir en elle surtout une dupe). Reconnaître au passage des thèmes chers à l'auteur (tare de l'ignorance, isolement royal, etc.).

③ L'Église : opposer en elle non des tendances adverses, mais un comportement massif suivi par les pouvoirs civils, et le refus vertueux d'une minorité; voir chez l'auteur non un jugement anticlérical, mais la constatation d'un comportement habituel aux groupes humains, conformément aux vues aristocratiques de l'auteur (la minorité distinguée par sa qualité; cf. les « petits troupeaux » religieux de l'époque : quiétistes, jansénistes, trappistes par exemple, et les bonnes relations de l'auteur avec des membres éminents de chacun).

④ Le style : discerner avec soin la part des faits et celle de l'éloquence dans cette grande phrase : *La révocation de l'Édit de Nantes... abhorrer* (p. 159, l. 78 et suiv.).

⑤ Différencier les effets de la *Constitution* (p. 162) de ceux de la Révocation.

---

1. Adeptes de la doctrine religieuse officielle. — 2. Martyrs persécutés sans être tués.

amèrement l'odieux durable et irrémédiable que de détestables moyens répandaient sur la véritable religion, tandis que nos voisins exultaient de nous voir ainsi nous affaiblir et nous détruire nous-mêmes, profitaient de notre folie, et bâtissaient des desseins sur la haine que nous nous attirions de toutes les puissances protestantes. Mais à ces parlantes vérités le Roi était inaccessible.

(IV, 1027-1030.)

La Constitution « Unigenitus » (1713) *On voit Saint-Simon, esprit libéral, condamner toute persécution ; il en va de même pour la Constitution ou Bulle* Unigenitus, *sorte de formulaire qui permit, pendant plus de trente ans, des poursuites contre les jansénistes.*

Nous voici parvenus à l'époque des premiers coups d'éclat en faveur de la Constitution, et de la persécution qui a fait tant de milliers de confesseurs et quelques martyrs, dépeuplé les écoles et les places, introduit l'ignorance, le fanatisme et le dérèglement, couronné les vices, mis toutes les communautés dans la dernière confusion, le désordre partout, établi la plus arbitraire et la plus barbare inquisition, et toutes ces horreurs n'ont fait que redoubler sans cesse depuis trente ans [1]. Je me contente de ce mot, et je n'en noircirai pas ces *Mémoires*. Outre ce qu'on en voit tous les jours, bien des plumes s'en sont occupées et s'en occupent. Ce n'est pas là l'apostolat de Jésus-Christ ; mais c'est celui des Révérends Pères [2] et de leurs ambitieux clients.

(IV, 270.)

Le « credo » de Saint-Simon *Profession de foi inspirée par le sage Rancé, abbé réformateur de la Trappe.*

Je tiens [3] tout parti [4] détestable dans l'Église et dans l'État. Il n'y a de parti que celui de Jésus-Christ. Je

1. Cette précision situe la rédaction du passage après 1743. — 2. Jésuites. — 3. Considère. — 4. Secte, faction.

tiens aussi pour hérétiques les cinq fameuses propositions [1] directes et indirectes, et pour tel tout livre sans exception qui les contient. Je crois aussi qu'il y a des personnes qui les tiennent bonnes et vraies, qui sont unies entre elles, et qui font un parti [2]. Ainsi, de tous les côtés, je ne suis pas janséniste. D'autre part, je suis attaché intimement, et plus encore par conscience que par la plus saine politique, à ce que très mal à propos on connaît sous le nom de libertés de l'Église gallicane [3], puisque ces libertés ne sont ni privilèges, ni concessions, ni usurpations, ni libertés même d'usage et de tolérance, mais la pratique constante de l'Église universelle, que celle de France a jalousement conservée et défendue contre les entreprises et les usurpations de la cour de Rome, qui ont inondé et asservi toutes les autres, et fait par ses prétentions un mal infini à la religion. Je dis la cour de Rome par respect pour l'évêque de Rome, à qui seul [4] le nom de pape est demeuré, qui est de foi le chef de l'Église, le successeur de saint Pierre, le premier évêque avec supériorité et jurisdiction de droit divin sur tous les autres quels qu'ils soient, et à qui appartient seul la sollicitude et la surveillance sur toutes les Églises du monde comme étant le vicaire de Jésus-Christ par excellence, c'est-à-dire le premier de tous ses vicaires, qui sont les évêques. A quoi j'ajoute que je tiens l'Église de Rome pour la mère et la maîtresse de toutes les autres, avec laquelle il faut être en communion ; maîtresse, *magistra*, et non pas *domina* [5] ; ni le Pape le seul évêque, ni l'évêque universel, ordinaire et diocésain de tous les diocèses, ni ayant seul le pouvoir épiscopal duquel il émane dans les autres évêques, comme l'Inquisition [6], que je tiens abominable devant Dieu, et exécrable aux hommes, le veut donner comme de foi. Je crois la signature du fameux Formulaire [7] une très pernicieuse invention, tolérable toutefois en s'y tenant exactement

1. Condamnées dans l'œuvre de Jansénius. — 2. Les Jansénistes. — 3. Le gallicanisme. — 4. Se rapporte à *qui*. — 5. Enseignante et non dominatrice. — 6. « Juridiction ecclésiastique érigée par le Saint-Siège en Italie, en Espagne, en Portugal... pour rechercher et extirper les hérétiques, les juifs et les infidèles » (Littré). — 7. « Bref émané de la cour de Rome, dont le clergé ordonna la signature en 1661 et par lequel on condamna les cinq propositions de Jansénius » (Littré).

suivant la Paix de Clément IX[1], autrement insoutenable. Il résulte que je suis fort éloigné de croire le Pape infaillible en quelque sens qu'on le prenne, ni supérieur, ni même égal aux conciles œcuméniques, auxquels seuls appartient de définir les articles de foi et de ne pouvoir errer sur elle. Sur Port-Royal[2], je pense tout comme le feu Roi s'en expliqua à Mareschal en soupirant, p. 389[3], que ce que les derniers siècles ont produit de plus saint, de plus pur, de plus savant, de plus instructif, de plus pratique, et néanmoins de plus élevé, mais de plus lumineux et de plus clair, est sorti de cette école, et de ce qu'on connaît sous le nom de Port-Royal ; que le nom de jansénisme et de janséniste est un pot au noir[4] de l'usage le plus commode pour perdre qui on veut, et que, d'un millier de personnes à qui on le jette, il n'y a peut-être pas deux qui le méritent ; que ne point croire ce qu'il plaît à la cour de Rome de prétendre sur le spirituel, et même sur le temporel, ou mener une vie simple, retirée, laborieuse, serrée, ou être uni avec des personnes de cette sorte, c'en est assez pour encourir la tache de janséniste ; et que cette étendue de soupçons mal fondés, mais si commode et si utile à qui l'inspire et en profite, est une plaie cruelle à la religion, à la société, à l'État. Je suis persuadé que les jésuites sont d'un excellent usage en les tenant à celui que saint Ignace[5] a établi. La Compagnie est trop nombreuse pour ne renfermer pas beaucoup de saints, et, de ceux-là, j'en ai connu, mais aussi pour n'en contenir pas bien d'autres. Leur politique et leur jalousie a causé et cause encore de grands maux ; leur piété, leur application à l'instruction de la jeunesse, et l'étendue de leurs lumières et de leur savoir fait aussi de grands biens.

(III, 1017-1019.)

---

1. Paix de l'Église, conclue sous le bref pontificat de Clément IX (1669) et qui mettait trêve aux persécutions par lesquelles on extorquait des signatures du Formulaire. — 2. Haut lieu janséniste. — 3. Du manuscrit : II, p. 190 et suiv. dans l'éd. de la Pléiade. — 4. « Pot dans lequel on met quelque substance noire » (Littré) ; moyen d'établir la confusion pour s'en prendre à *qui on veut.* — 5. *Ignace* de Loyola, fondateur de leur ordre.

Ce jugement sur les jésuites se trouve illustré par les portraits contrastés des deux confesseurs successifs de Louis XIV : un bon homme et un fanatique.

Le Père de la Chaise (1624-1709)

Vers quatre-vingts ans, le P. de la Chaise, dont la tête et la santé étaient encore fermes, voulut se retirer : il en fit plusieurs tentatives inutiles. La décadence de son corps et[1] de son esprit, qu'il sentit bientôt après, l'engagèrent à redoubler ses instances ; les jésuites, qui s'en apercevaient plus que lui, et qui sentaient la diminution de son crédit, l'exhortèrent à faire place à un autre qui eût la grâce et le zèle de la nouveauté. Il désirait sincèrement le repos, et il pressa le Roi de le lui accorder, tout aussi inutilement : il fallut continuer à porter le faix jusqu'au bout. Les infirmités et la décrépitude, qui l'accueillirent bientôt après, ne purent le délivrer. Les jambes ouvertes[2], la mémoire éteinte, le jugement affaissé, les connaissances brouillées, inconvénients étranges pour un confesseur, rien ne rebuta le Roi ; et jusqu'à la fin

---

- **Le « credo » de Saint-Simon** (pp. 162-164)

① Une partialité nuancée : montrer que le jansénisme est condamné d'abord en théorie pour que soient d'autant mieux dénoncées ensuite les persécutions dont il est victime; remarquer la prépondérance de fait, sous le vocable théologique, du jugement moral et humain.

② Des précisions : les relever à propos du gallicanisme théologique et dans les nuances et limites apportées au jugement sur les jésuites.

③ Les réflexions sur le *pot au noir* (p. 164, l. 52) n'ont-elles pas une vaste portée humaine?

- **Le Père de La Chaise**

④ Un portrait-prétexte : montrer que l'auteur vise le comportement égoïste de Louis XIV et l'effet de contraste avec *le terrible successeur du P. de La Chaise*, plus que la peinture de celui-ci.

---

1. Sous-entendre ici : « celle ». — 2. Ouvert : « Entamé, percé; se dit d'une plaie dont les bords restent béants » (Littré).

se fit apporter le cadavre[1] et dépêcha avec lui les affaires accoutumées. Enfin, deux jours après un retour de Versailles, il s'affaiblit considérablement. [...] Il para bien des coups en sa vie, supprima bien des friponneries et des avis anonymes contre beaucoup de gens, en servit quantité, et ne fit jamais de mal qu'à son corps défendant : aussi fut-il généralement regretté. On avait toujours compris que ce serait une perte ; mais on n'imagina jamais que sa mort serait une plaie universelle et profonde comme elle la devint, et comme elle ne tarda pas à se faire sentir par le terrible successeur du P. de la Chaise, à qui les ennemis même des jésuites furent forcés de rendre justice après, et d'avouer que c'était un homme bien et honnêtement né, et tout fait pour remplir une telle place.

(III, 22-23.)

Le Père Tellier (1643-1719) Il n'était pas moins ardent sur le molinisme[2], sur le renversement de toute autre école, sur l'établissement en dogmes nouveaux de tous ceux[3] de sa Compagnie sur les ruines de tous ceux qui y étaient contraires, et qui étaient reçus et enseignés de tout temps dans l'Église. Nourri dans ces principes, admis dans tous les secrets de sa Société[4] par le génie qu'elle lui avait reconnu, il n'avait vécu, depuis qu'il y était entré, que de ces questions et de l'histoire intérieure de leur avancement, que du désir d'y parvenir, de l'opinion que, pour arriver à ce but, il n'y avait rien qui ne fût permis et qui ne se dût entreprendre ; son esprit dur, entêté, appliqué sans relâche, dépourvu de tout autre goût, ennemi de toute dissipation, de toute société[5], de tout amusement, incapable d'en prendre avec ses propres confrères, et ne faisant cas d'aucun que suivant la mesure de la conformité de leur passion avec celle qui l'occupait tout entier. Cette cause, dans toutes ses branches, lui était

1. Sens figuré. — 2. Doctrine des jésuites sur la grâce, établie d'après le jésuite espagnol Molina (1535-1600). — 3. La promotion des dogmes jésuites en *dogmes nouveaux* de l'Église. — 4. *Compagnie* de Jésus (l'ordre des jésuites). — 5. « Relations » (Littré).

devenue la plus personnelle, et tellement son unique affaire, qu'il n'avait jamais eu d'application ni travail que par rapport à celle-là, infatiguable[1] dans l'un et dans l'autre. Tout ménagement, tout tempérament[2] là-dessus lui était odieux ; il n'en souffrait[3] que par force, ou par des raisons d'en aller plus sûrement à ses fins ; tout ce qui, en ce genre, n'avait pas cet objet était un crime à ses yeux, et une faiblesse indigne. Sa vie était dure par goût et par habitude : il ne connaissait qu'un travail assidu et sans interruption ; il l'exigeait pareil des autres, sans aucun égard, et ne comprenait pas qu'on en dût avoir. Sa tête et sa santé étaient de fer, sa conduite en était aussi, son naturel cruel et farouche. Confit dans les maximes et dans la politique de la Société[4] autant que la dureté de son caractère s'y pouvait ployer, il était profondément faux, trompeur, caché sous mille plis et replis, et, quand il put se montrer et se faire craindre, exigeant tout, ne donnant rien, se moquant des paroles les plus expressément données lorsqu'il ne lui importait plus de les tenir, et poursuivant avec fureur ceux qui les avaient reçues. C'était un homme terrible, qui n'allait à rien moins qu'à destruction à couvert et à découvert, et qui, parvenu à l'autorité, ne s'en cacha plus. Dans cet état, inaccessible même aux jésuites, excepté à quatre ou cinq de même trempe que lui, il devint la terreur des autres ; et ces quatre ou cinq, même, n'en approchaient qu'en tremblant, et n'osaient le contredire qu'avec de grandes mesures

---

- **Le Père Tellier**

① Dans ce portrait d'un personnage odieux à l'auteur, distinguer les traits visant l'individu de ceux qui concernent l'ordre auquel il appartient.

② Montrer que le portrait physique se réduit aux yeux (« fenêtre de l'âme », selon Vinci) et à quelques épithètes générales.

③ Analyser l'énergie des formules à la fin du texte : *ne connut d'autre Dieu qu'elle* (p. 168, l. 71-72)...

④ D'après les pages 157-168, établir la position théorique et la position humaine de l'auteur dans le domaine religieux.

---

1. Telle est l'orthographe du manuscrit. — 2. Compromis. — 3. Tolérait. — 4. De Jésus.

et en lui montrant que, par ce qu'il se proposait, il s'éloignait de son objet, qui était le règne despotique de sa Société, de ses dogmes, de ses maximes, et la destruction radicale de tout ce qui y était non seulement contraire, mais de tout ce qui n'y serait pas soumis jusqu'à l'abandon aveugle. Le prodigieux de cette fureur, jamais interrompue d'un seul instant par rien, c'est qu'il ne se proposa jamais rien pour lui-même, qu'il n'avait ni parents ni amis, qu'il était né malfaisant, sans être touché d'aucun plaisir d'obliger[1], et qu'il était de la lie du peuple, et ne s'en cachait pas. Violent jusqu'à faire peur aux jésuites les plus sages, et même les plus nombreux et les plus ardents jésuites, dans la frayeur qu'il ne les culbutât[2] jusqu'à les faire chasser une autre fois. Son extérieur ne promettait rien moins, et tint exactement parole ; il eût fait peur au coin d'un bois. Sa physionomie était ténébreuse, fausse, terrible ; les yeux ardents, méchants, extrêmement de travers : on était frappé en le voyant. A ce portrait exact et fidèle d'un homme qui avait consacré corps et âme à sa Compagnie, qui n'eut d'autre nourriture que ses plus profonds mystères, qui ne connut d'autre Dieu qu'elle, et qui avait passé sa vie enfoncé dans cette étude, du génie et de l'extraction qu'il était, on ne peut être surpris qu'il fût sur tout le reste grossier[3] et ignorant à surprendre, insolent, impudent, impétueux, ne connaissant ni monde[4], ni mesure, ni degrés, ni ménagements, ni qui que ce fût, et à qui tous moyens étaient bons pour arriver à ses fins.

(III, 25-27.)

1. « Rendre service, faire plaisir » (Littré). — 2. Culbuter : « faire tomber du pouvoir » (Littré). — 3. Sans finesse. — 4. Savoir-vivre.

FÉNELON (1651-1715) *Saint-Simon donne successivement trois portraits, admirables et inégalement admiratifs, du « cygne de Cambrai ».*

Ses débuts (1695) Fénelon était un homme de qualité [1] qui n'avait rien, et qui, se sentant beaucoup d'esprit, et de cette sorte d'esprit insinuant et enchanteur, avec beaucoup de talents, de grâces et du savoir, avait aussi beaucoup d'ambition. Il avait frappé longtemps à toutes les portes, sans se les pouvoir faire ouvrir. Piqué [2] contre les jésuites, où il s'était adressé d'abord, comme aux maîtres des grâces de son état, et rebuté de ne pouvoir prendre [3] avec eux, il se tourna aux jansénistes, pour se dépiquer [4], par l'esprit et par la réputation qu'il se flattait de tirer d'eux, des [5] dons de la fortune, qui l'avait méprisé. Il fut un temps assez considérable à s'initier, et parvint après à être des repas particuliers que quelques importants d'entre eux faisaient alors, une ou deux fois la semaine, chez la duchesse de Brancas. Je ne sais s'il leur parut trop fin, ou s'il espéra mieux ailleurs qu'avec gens avec qui il n'y avait rien à partager que des plaies ; mais peu à peu sa liaison avec eux se refroidit, et, à force de tourner

---

• **Portrait de Fénelon**

① Un premier crayon : noter la méfiance de l'auteur envers Fénelon; en relever les traits (pp. 169-170); expliquer *Je ne sais... espéra mieux* (l. 17 et suiv.) et mettre en valeur ce qu'il y a là de désobligeant pour l'un ou les autres.

② Un développement (p. 170) : montrer que le contour psychologique des l. 41-45 et 53-56 est ensuite illustré dans la durée (pp. 171-174); souligner l'effet de girouette dû au passage à des tendances opposées.

③ La rosserie : examiner son usage généralisé envers Fénelon, les quiétistes ou les Sulpiciens (dont les « mérites » semblent être analysés par antiphrase).

---

1. De « noblesse distinguée » (Littré). — 2. Fâché. — 3. « Réussir » (Littré). — 4. « Se dédommager » (Littré). — 5. Par rapport aux...

autour de Saint-Sulpice, il parvint à y en former une dont il espéra mieux. Cette société de prêtres commençait à percer, et, d'un séminaire d'une paroisse de Paris, à s'étendre. L'ignorance, la petitesse des pratiques, le défaut de toute protection et le manque de sujets [1] de quelque distinction en aucun genre, leur inspira une obéissance aveugle pour Rome et pour toutes ses maximes, un grand éloignement de tout ce qui passait pour jansénisme, et une dépendance des évêques qui les fit successivement désirer dans beaucoup de diocèses. Ils parurent un milieu très utile aux prélats, qui craignaient également la cour sur les soupçons de doctrine et la dépendance des jésuites, qui les mettaient sous leur joug dès qu'ils s'étaient insinués chez eux, ou les perdaient sans ressource : de manière que ces sulpiciens s'étendirent fort promptement. Personne parmi eux qui pût entrer en comparaison sur rien avec l'abbé de Fénelon : de sorte qu'il trouva là de quoi primer [2] à l'aise et se faire des protecteurs qui eussent intérêt à l'avancer pour en être protégés à leur tour. Sa piété, qui se faisait toute à tous [3], et sa doctrine, qu'il forma sur la leur en abjurant tout bas ce qu'il avait pu contracter d'impur parmi ceux qu'il abandonnait [4], les charmes, les grâces, la douceur, l'insinuation de son esprit le rendirent un ami cher à cette congrégation nouvelle, et lui y trouva ce qu'il cherchait depuis longtemps, des gens à qui se rallier, et qui pussent et voulussent le porter. En attendant les occasions, il les cultivait avec grand soin sans toutefois être tenté de quelque chose d'aussi étroit pour ses vues que de se mettre parmi eux, et cherchait toujours à faire des connaissances et des amis. C'était un esprit coquet, qui, depuis les personnes les plus puissantes jusqu'à l'ouvrier et au laquais, cherchait à être goûté et voulait plaire, et ses talents en ce genre secondaient parfaitement ses désirs. Dans ce temps-là, obscur encore, il entendit parler de Mme Guyon [5], qui

1. De prêtres. — 2. « Avoir l'avantage sur les autres » (Littré). — 3. S'accommodait *à tous*. — 4. Les jansénistes. — 5. Qui transmit la doctrine du pur amour, ou quiétisme, et en groupa autour d'elle les adeptes, auxquels Fénelon se joignit, avec d'autres fort distingués (Beauvillier, Chevreuse, et un temps Mme de Maintenon et son école de Saint-Cyr jusqu'à la condamnation par Bossuet, puis par le pape en 1699).

a fait depuis tant de bruit dans le monde qu'elle y est trop connue pour que je m'arrête sur elle en particulier. Il la vit : leur esprit se plut l'un à l'autre, leur sublime s'amalgama. Je ne sais s'ils s'entendirent[1] bien clairement dans ce système et cette langue nouvelle qu'on vit éclore d'eux dans les suites ; mais ils se le persuadèrent, et la liaison[2] se forma entre eux. Quoique plus connue que lui alors, elle ne l'était pas néanmoins encore beaucoup, et leur union ne fut point aperçue, parce que personne ne prenait garde à eux, et Saint-Sulpice même l'ignora.

(I, 256-257.)

L'archevêque de Cambrai (1711)

Plus coquet que toutes les femmes, mais en solide, et non en misères[3], sa passion était de plaire, et il avait autant de soin de captiver les valets que les maîtres, et les plus petites gens que les personnages. Il avait pour cela des talents faits exprès : une douceur, une insinuation, des grâces naturelles et qui coulaient de source, un esprit facile, ingénieux, fleuri, agréable, dont il tenait, pour ainsi dire, le robinet pour en verser la qualité et la quantité exactement convenable à chaque chose et à chaque personne ; il se proportionnait et se faisait tout à tous[4]. Une figure fort singulière, mais noble, frappante, perçante, attirante[5] ; un abord facile à tous ; une conversation aisée, légère, et toujours décente[6] ; un commerce[7] enchanteur ; une piété facile, égale, qui n'effarouchait point, et se faisait respecter ; une libéralité[8] bien entendue ; une magnificence qui n'insultait point, et qui se versait sur les officiers et les soldats[9], qui embrassait une vaste hospitalité, et qui, pour la table, les meubles et les équipages, demeurait dans les justes bornes de sa place ; également officieux[10] et modeste, secret dans les assis-

1. Se comprirent. — 2. Union d'intérêts. — 3. « Bagatelles » (Littré). — 4. S'accommodait *à tous*. — 5. « Ce prélat était un grand homme maigre, bien fait, pâle, avec un grand nez, des yeux dont le feu et l'esprit sortaient comme un torrent, et une physionomie telle que je n'en ai point vu qui y ressemblât » (IV, p. 606). — 6. Conforme à l'honneur et à la morale. — 7. Une fréquentation. — 8. Générosité. — 9. On est en Flandre, pendant la guerre, dans les dures épreuves qui précédèrent la victoire de Denain. — 10. « Prompt à rendre de bons offices » (Littré).

tances qui se pouvaient cacher, et qui étaient sans nombre, leste et délié sur les autres jusqu'à devenir l'obligé de ceux à qui il les donnait, et à le persuader ; jamais empressé, jamais de compliments [1], mais une politesse qui, en embrassant tout, était toujours mesurée et proportionnée, en sorte qu'il semblait à chacun qu'elle n'était que pour lui, avec cette précision dans laquelle il excellait singulièrement. Adroit surtout dans l'art de porter [2] les souffrances, il en usurpait [3] un mérite qui donnait tout l'éclat au sien, et qui en portait l'admiration et le dévouement pour lui dans le cœur de tous les habitants des Pays-Bas quels qu'ils fussent, et de toutes les dominations [4] qui les partageaient, dont il avait l'amour et la vénération. Il jouissait, en attendant un autre genre de vie [5] qu'il ne perdit jamais de vue, de toute la douceur de celle-ci, qu'il eût peut-être regrettée dans l'éclat après lequel il soupira toujours, et il en jouissait avec une paix si apparente, que qui n'eût su ce qu'il avait été [6], et ce qu'il pouvait devenir encore, aucun même de ceux qui l'approchaient le plus, et qui le voyaient avec le plus de familiarité, ne s'en serait jamais aperçu. Parmi tant d'extérieur pour le monde, il n'en était pas moins appliqué à tous les devoirs d'un évêque qui n'aurait eu que son diocèse à gouverner et qui n'en aurait été distrait par aucune autre chose : visites d'hôpitaux, dispensation [7] large, mais judicieuse, d'aumônes, clergé, communautés [8], rien ne lui échappait. Il disait tous les jours la messe dans sa chapelle, officiait souvent, suffisait à toutes ses fonctions épiscopales sans se faire jamais suppléer, prêchait quelquefois. Il trouvait du temps pour tout, et n'avait point l'air occupé. Sa maison ouverte, et sa table de même, avaient l'air de celle d'un gouverneur de Flandres, et tout à la fois d'un palais vraiment épiscopal ; et toujours beaucoup de gens de guerre distingués, et beaucoup d'officiers par-

1. « Paroles cérémonieuses » (Littré). — 2. Supporter (allusion à la condamnation de ses œuvres et à sa disgrâce en 1700). — 3. Ici : retirait. — 4. Puissances nationales. 5. L'autorité politique qu'il attendait du duc de Bourgogne, Dauphin en 1711. — 6. Allusion à son influence considérable avant 1700. — 7. Répartition. — 8. Religieuses.

ticuliers, sains, malades, blessés, logés chez lui, défrayés et servis comme s'il n'y en eût eu qu'un seul ; et lui ordinairement présent aux consultations des médecins et des chirurgiens, faisant d'ailleurs auprès des malades et des blessés les fonctions de pasteur le plus charitable, et souvent par les maisons et par les hôpitaux ; et tout cela sans oubli, sans petitesse, et toujours prévenant avec les mains ouvertes. Aussi était-il adoré de tous. Ce merveilleux dehors n'était pourtant pas tout lui-même. Sans entreprendre de le sonder, on peut dire hardiment qu'il n'était pas sans soins [1] et sans recherches de tout ce qui pouvait le raccrocher et le conduire aux premières places. Intimement uni à cette partie des jésuites à la tête desquels était le P. Tellier, qui ne l'avaient jamais abandonné, et qui l'avaient soutenu jusque par delà leurs forces, il occupa ses dernières années à faire des écrits qui, vivement relevés [2] par le P. Quesnel [3] et plusieurs autres, ne firent que serrer les nœuds d'une union utile par où il espéra d'émousser l'aigreur du Roi. Le silence dans

---

- **Fénelon archevêque** (pp. 171-174)

  ① Une nouvelle perspective : montrer que l'admiration remplace la méfiance sur les mêmes traits et parfois avec les mêmes termes.

  Une étude « d'atmosphère » : l'écrivain réduit la part du physique et fait effort pour cerner une personnalité peu définissable, quoique frappante.

  ② Le jeu des nuances : montrer leur raffinement tout au long du portrait; distinguer, dans les effets d'ambiguïté entre la sainteté et l'ambition du prélat, ce qui pousse à croire à l'authenticité de la première nonobstant la certitude de la seconde, qui pourrait se contenter d'apparences propices à la popularité; la tolérance envers les jansénistes prouve une générosité supérieure à toutes les ambitions (cf. p. 162, l. 13-15).

  ③ Des omissions : compléter le portrait en évoquant le réformateur politique (un peu en rivalité avec l'auteur dans son réformisme) et l'écrivain (notre auteur néglige les questions littéraires considérées pour elles-mêmes).

---

1. Soucis. — 2. Discutés. — 3. Janséniste dont les *Réflexions morales* seront condamnées par la Bulle *Unigenitus* en 1713.

l'Église était le partage naturel d'un évêque dont la doctrine avait, après tant de bruit et de disputes, été solennellement condamnée[1] : il avait trop d'esprit pour ne le pas sentir ; mais il eut trop d'ambition pour ne compter pas pour rien[2] tant de voix élevées contre l'auteur[3] d'un dogme proscrit[1] et ses écrits dogmatiques, et beaucoup d'autres, qui ne l'épargnèrent pas sur le motif[4] que le monde éclairé entrevoyait assez. Il marcha vers son but sans se détourner ni à droite ni à gauche ; il donna lieu à ses amis d'oser nommer son nom quelquefois ; il flatta Rome, pour lui si ingrate[5] ; il se fit considérer par toute la Société des jésuites comme un prélat d'un grand usage, en faveur duquel rien ne devait être épargné ; il vint à bout de se concilier la Chétardye, curé de Saint-Sulpice, directeur imbécile, et même gouverneur de Mme de Maintenon. Parmi ces combats de plume, Fénelon, uniforme dans la douceur de sa conduite, et dans sa passion de se faire aimer, se garda bien de s'engager dans une guerre d'action. Les Pays-Bas fourmillaient de jansénistes ou de gens réputés tels ; en particulier, son diocèse et Cambray même en étaient pleins ; l'un et l'autre leur furent des lieux de constant asile et de paix. Heureux et contents d'y trouver du repos sous un ennemi de plume, ils ne s'émurent[6] de rien à l'égard de leur archevêque, qui, bien que si contraire à leur doctrine, leur laissait toute sorte de tranquillité. Ils se reposèrent sur d'autres de leur défense dogmatique, et ne donnèrent point d'atteinte à l'amour général que tous portaient à Fénelon.

(III, 961-963.)

Sa fin (1715) Malgré sa profonde douleur de la mort du Dauphin[7], il n'avait pas laissé d'embrasser une planche dans ce naufrage. L'ambition surnageait à tout, se prenait à tout. Son esprit avait toujours plu à M. le duc d'Orléans[8]. M. de Chevreuse

1. Le quiétisme, en 1699. — 2. *Pour ne pas* négliger. — 3. Fénelon lui-même. — 4. « Émousser l'aigreur du Roi » (Saint-Simon). — 5. « Désagréable » (Littré). — 6. *S'émouvoir :* « s'irriter » (Littré). — 7. Le duc de Bourgogne, sur le règne futur duquel il comptait pour gouverner la France et la réformer, mais qui mourut en 1712. — 8. Futur Régent.

avait cultivé et entretenu entre eux l'estime et l'amitié, et j'y avais aussi contribué par attachement pour le duc de Beauvillier, qui pouvait tout sur moi. Après tant de pertes et d'épreuves les plus dures, ce prélat était encore homme d'espérances ; il ne les avait pas mal placées. On a vu les mesures que les ducs de Chevreuse et de Beauvillier m'avaient engagé de prendre pour lui auprès de ce prince, et qu'elles avaient réussi de façon que les premières places lui étaient destinées, et que je lui en avais fait passer l'assurance par ces deux ducs dont la piété s'intéressait si vivement en lui, et qui étaient persuadés que rien ne pouvait être si utile à l'Église, ni si important à l'État, que de le placer au timon du gouvernement ; mais il était arrêté [1] qu'il n'aurait que des espérances. On a vu que rien ne le pouvait rassurer sur moi, et que les ducs de Chevreuse et de Beauvillier me l'avouaient. Je ne sais si cette frayeur s'augmenta par leur perte [2], et s'il crut que, ne les ayant plus pour me tenir, je ne serais plus le même pour lui, avec qui je n'avais jamais eu aucun commerce [3], trop jeune avant son exil [4], et sans nulle occasion depuis. Quoi qu'il en soit, sa faible complexion ne put résister à tant de soins [5] et de traverses. La mort du duc de Beauvillier lui donna le dernier coup. Il se soutint quelque temps par effort de courage ; mais ses forces étaient à bout. Les eaux, ainsi qu'à Tantale, s'étaient trop persévéramment retirées du bord de ses lèvres toutes les fois qu'il croyait y toucher pour y éteindre l'ardeur de sa soif.

(IV, 611.)

1. Par la Providence. — 2. Respectivement en 1712 et 1714. — 3. Aucune fréquentation. — 4. Dans son archevêché de Cambrai. — 5. Soucis.

QUATRIÈME PARTIE

L'ART DE SAINT-SIMON

1 *LA PEINTURE*

Portraits-foudre : Traits physiques

— C'était une manière de cheval de carrosse (NOGENT).

— Une grosse vilaine harengère dans son tonneau (Mlle DE PINEY).

— Un soldat aux gardes, et même un peu Suisse, habillé en femme (Mme DE CHAULNES).

— Une taille haute de planche contrainte et un visage écorché (LA HAYE).

— Un grand échalas, prodigieux en hauteur, et si mince qu'on croyait toujours qu'il allait rompre (LA CHAISE).

— Il avait deux gros yeux d'aveugle, éteints, et qui en effet ne distinguaient rien à deux pieds d'eux, avec un gros ventre en pointe, qui faisait peur tant il avançait en saillie (M. DE MONACO).

— Bossu devant et derrière à l'excès, la tête dans la poitrine au dessous de ses épaules, faisant peine à voir respirer, avec cela squelette et un visage jaune qui ressemblait à une grenouille (MÉZIÈRES).

— Dans une taille contrefaite, mais qui s'apercevait peu, sa figure était formée par les plus tendres amours (Mme LA DUCHESSE).

— Fort allante, couleur de soupe au lait, avec de grosses et vilaines lippes, et des cheveux couleur de filasse toujours sortant et traînant (PRINCESSE D'HARCOURT).

— L'une était noire [1], huileuse [2], laide à effrayer, sotte et bégueule à l'avenant, dévote à merveilles ; l'autre rousse comme une vache, le teint blanc, de l'esprit et du monde, et le désir de liberté et de primer (Belle-sœur et femme de LAUTREC).

— Jaune [3], noire [1], laide en perfection ; de l'esprit comme un diable, du tempérament comme vingt, dont elle usa bien dans la suite (Mlle DE MONTJEU).

— Une fille qui avait un peu rôti le balai [4] et qui commençait à monter en graine [5] (Mlle DE LA FERTÉ).

Croquis

— Très court d'esprit, mais de taille et de visage à se louer [6] sur le théâtre pour faire [7] le personnage des héros et des dieux (QUATRE BARBES).

— Une manière d'éléphant pour la figure, une espèce de bœuf pour l'esprit (BÉLÉBAT).

— La femme était aussi dépiteusement laide que le mari était beau, et aussi riche qu'il était pauvre ; d'ailleurs, autant de gloire [8], d'esprit et d'avarice l'un que l'autre (M. et Mme DE PONS).

— Un sot et un impertinent pommé [9], et sa femme un esprit aigre, qui se croyait une merveille (GUYET).

— Une joueuse sans fin, et partout avare à l'excès et faite et mise comme une porteuse d'eau [...] avait le défaut de l'entêtement, et le sien était toujours poussé sans bornes ; avec cela, une vivacité de salpêtre (Mme DE LEVIS).

— Domestique pour son pain, parce qu'il n'en avait pas, mais blessé de l'être (BOURCK).

— Prince tant qu'il pouvait, du reste fort valet, mais du Roi seulement (BOUILLON).

— Très pitoyablement glorieux et tout à la fois valet (DANGEAU).

1. De cheveux. — 2. « Qui est comme imbibé ou frotté d'huile » (Littré). — 3. De peau. — 4. Mené « une vie désordonnée » (Littré). — 5. « Avancer en âge sans se marier » (Littré). — 6. « Engager son service pour un salaire » (Littré). — 7. Interpréter. — 8. D'orgueil. — 9. « Achevé, complet » (Littré).

— Esclave de toute faveur et aboyant toujours après elle [...] il pétillait [1] de se fourrer de quelque chose sans y pouvoir réussir (TALLARD).

— Tout lui était bon à espérer, à se fourrer, à se tortiller (ÉVÊQUE D'AUTUN).

— Laisser piaffer et se pavaner ce personnage de carrousel (MARÉCHAL DE VILLEROY).

— Une manière de bel esprit de travers et de fripon d'intrigue (LONGEPIERRE).

— C'était un sot de beaucoup d'esprit (POMPADOUR).

— Il n'y avait rien dans cette épaisse bouteille que de l'humeur, de la grossièreté et des sottises (MAULÉVRIER).

— Une bouteille d'encre fort pleine, qu'on verse tout à coup et qui tantôt ne fait que d'égoutter, tantôt ne jette rien, tantôt vomit des flaques et de gros bouillons épais (D'ESTRÉES).

Formules

— Cet homme si aimable, si charmant, si délicieux, n'aimait rien. Il avait et voulait les amis comme on veut et comme on a des meubles (CONTI).

— Elle n'avait point de cœur, mais seulement un gésier (Mme LA DUCHESSE).

— Cet homme immortel pour qui on épuisait le marbre et le bronze, pour qui tout était à bout d'encens (LOUIS XIV).

— Ce soleil levant dans son automne (Mme DE MAINTENON).

— Cet étui [2] de sage de la Grèce et de citoyen romain (D'HUXELLES).

— Une profondeur sans fond, c'est le dedans de M. DE NOAILLES.

— C'était une meule toujours en l'air, qui faisait fuir (M. LE DUC).

— J'y tombai comme une bombe, chose toujours plus triste et plus fâcheuse pour la bombe que pour ceux qui la reçoivent.

1. *Pétiller* : « avoir une extrême impatience » (Littré). — 2. « Enveloppe trompeuse » (Littré).

— Le COMTE D'AUVERGNE, qui rampait devant elle, malgré sa roguerie, et mourait à petit feu des airs et des préférences de [1] l'autre [2].

— Ces hommes qui ont tellement le don de déplaire et d'aliéner que dès qu'ils ouvrent la bouche, on meurt d'envie de leur dire non.

— Tout cé qu'on peut en dire, c'est que ce fut une princesse du sang de moins (feu Mme DE VENDÔME).

— Ainsi finit cette année et tout le bonheur du Roi avec elle (1701).

Bilans

— On vit donc de grandes terres, de grandes dettes, nul ordre, de grands embarras, et des gens qui avaient toujours vécu d'industrie [3], de crédit et de faire ce qu'on appelle des affaires (ROUCY).

— L'aîné, épais, extraordinaire, avare, obscur, quitta le service, devint apoplectique et fut toute sa vie compté pour rien jusque dans sa famille (POMPONNE fils).

— Cet ex-bacha [4] si rude et si superbe occupe son néant [5] à compter son argent et en semblables misères [6], et n'a presque plus paru nulle part, qui [7] est ce qu'il a fait de mieux (PONTCHARTRAIN fils).

— Il [un vieil aveugle époux d'une jeune femme] fut doux, bon homme, s'accommoda de tout et, quoique compté presque pour rien, il avait toutes sortes de complaisances, hors celle de mourir.

— Les trois filles moururent sibylles [8] dans un coin de l'hôtel de La Rochefoucauld où on les avait reléguées, ayant à peine de quoi vivre, et toutes trois dans un âge très avancé (filles de l'auteur des *Maximes*).

— [Joyeuse] était une manière de sacre [9] et de brigand qui pillait tant qu'il pouvait pour le manger avec magnificence.

— N'ayant jamais eu plus de quinze ans à cinquante-cinq qu'elle mourut (LA DUCHESSE DE FOIX).

---

1. « Marques particulières d'affection accordées à » (Littré). — 2. *L'autre* galant. — 3. « Adresse malhonnête » (Littré). — 4. Préfet turc (en arabe; en turc : pacha); ici, chef despotique. — 5. Insignifiance. — 6. Bagatelles. — 7. Ce *qui*... 8. « Vieillies sans se marier » (Littré). — 9. « Grand oiseau de proie du genre faucon; homme capable de toutes sortes de rapacités et même de crimes » (Littré).

ANTHOLOGIE D'EXPRESSIONS PITTORESQUES

Familiarité dans le vocabulaire :

— [il] crevait d'envie de pisser.
— [elle] l'envoya très salement promener, le traita comme un nègre, lui chanta pouille.

l'hyperbole :

— c'était une profusion de miracles si ce général n'avait pas perdu la France cent fois.

les proverbes :

— les écus s'envolent, la crasse reste [dans une mésalliance].
— leur montrer la lune pour les faire aboyer.

les images :

— je lui fis honte de grêler sur le persil [1].
— je pointais fort, mais c'était sous cloche.
— tous étaient plus petits devant elle que l'herbe.
— un silence à entendre une fourmi marcher.
— il mangea l'huître dont le Roucy et M. de Lorge n'eurent que les écailles.
— se taire et tendre le dos en silence sous la gouttière.
— il était fort sur la hanche [2] et passait pour un brave à quatre poils [3].

les verbes :

— se condouloir ; se recrobiller ; escobarder ; embabouiner.

les nuances :

— des mésaises on en vint aux humeurs, puis aux plaintes, après aux querelles et aux procédés, enfin aux expédients.

les épithètes :

— une audience ni forlongée ni étranglée.
— les noirceurs les plus longuement excogitées et pourpensées.

les répétitions :

— [il voulut] que les personnes qui drapent lorsqu'il drape drapassent.

---

1. D'accabler les faibles. — 2. Agressif. — 3. Qualité du velours; ici, fort courageux.

les locutions :

— se submergeait en plongeons ; s'exhalèrent en désespoirs ; se dépeça en excuses ; se distilla en honte et en excuses.

les alliances de mots :

— obtenir ce qui n'était plus qu'une carcasse inanimée de charge.
— une fureur qui lui sortit des yeux et lui mastica le visage.
— il se peignit un brun sombre sur quantité de visages.

les bizarreries :

— hérissée d'abîme ; bassesses entassées ; seigneurs péris sous les ruines de leur obscurité débordée.
— [il] vous a mis dans la tête tous ces potages réchauffés que vous venez si bien de m'étaler et que j'ai encore mieux fait fondre.

Bonheurs d'expression, par la grâce :

— la beauté heureuse était sous Louis XIV la dot des dots.
— jamais aussi ne vit-on M. du Maine si solaire et si désinvolte.
— ce raffiné musicien me pinça mélodieusement deux cordes qui lui rendirent tout le son qu'il s'en était promis.

l'énergie :

— c'était néanmoins ce qui nous pouvait arriver de mieux que de gagner en luttant et de nous consumer en luttes.
— il faut servir ses amis à leur mode et pour eux, non pour soi.
— cette sorte d'insolence qui a plus fait détester les tyrans que leur tyrannie même.

le sublime :

— tant de vertus reçurent à la fin la récompense que le monde leur donne, beaucoup de croix et de tribulations.
— consolation frivole et cruellement trompeuse qui le laissa bientôt en proie à d'éternelles vérités.
— ce compte terrible qu'il était si peu éloigné d'aller rendre au souverain juge des rois, qui ne reçoit point d'excuses et ne fait acception de personne.
— il commençait à ne regarder plus les choses de ce monde qu'à la lueur de ce terrible flambeau qu'on allume aux mourants.

CONCLUSION DES « MÉMOIRES »

Vérité Me voici enfin parvenu au terme jusqu'auquel je m'étais proposé de conduire ces *Mémoires*. Il n'y en [1] peut avoir de bons que de parfaitement vrais ni de vrais qu'écrits par qui a vu et manié lui-même les choses qu'il écrit, ou qui les tient de gens dignes de la plus grande foi, qui les ont vues et maniées ; et de plus, il faut que celui qui écrit aime la vérité jusqu'à lui sacrifier toutes choses. De ce dernier point, j'ose m'en rendre témoignage à moi-même, et me persuader qu'aucun de tout ce qui m'a connu n'en disconviendrait. C'est même cet amour de la vérité qui a le plus nui à ma fortune. Je l'ai senti souvent ; mais j'ai préféré la vérité à tout, et je n'ai pu me ployer à aucun déguisement ; je puis dire encore que je l'ai chérie jusque contre moi-même. On s'apercevra aisément des duperies où je suis tombé, et quelquefois grossières, séduit par l'amitié ou par le bien de l'État, que j'ai sans cesse préféré à toute autre considération, sans réserve, et toujours à tout intérêt personnel, comme, entre bien d'autres occasions que j'ai négligé d'écrire, parce qu'elles ne regardaient que moi, sans connexion [2] d'éclaircissement ou de curiosité sur les affaires ou le cours du monde, on peut voir que je persévérai à faire donner les finances au duc de Noailles [3], parce que je l'en crus, bien mal à propos, le plus capable, et le plus riche et le plus revêtu [4] d'entre les seigneurs à qui on les pût donner, dans les premiers jours même de l'éclat de la profonde scélératesse qu'il venait de commettre à mon égard [5]. On le voit encore dans tout ce que je fis pour sauver le duc du Maine contre mes deux plus chers et plus vifs intérêts [6], parce que je croyais dangereux d'attaquer lui et le Parlement à la fois, et que le Parlement était lors l'affaire la plus pressée, qui ne se pouvait différer. Je me contente de ces deux faits, sans m'arrêter à bien d'autres qui se trouvent répandus dans ces *Mémoires*, à mesure qu'ils

1. De Mémoires. — 2. « Lien » (Littré). — 3. La présidence du conseil de *finances*, sous la Régence. — 4. Orné de dignités. — 5. En rejetant sur Saint-Simon la responsabilité de ses propres manœuvres. — 6. La haine de la bâtardise et l'amour du duché-pairie.

sont arrivés, lorsqu'ils ont trait à la curiosité du cours des affaires ou des choses de la cour et du monde.

Impartialité Reste à toucher l'impartialité[1], ce point si essentiel et tenu pour si difficile, je ne crains point de le dire, impossible à qui écrit ce qu'il a vu et manié. On est charmé des gens droits et vrais ; on est irrité contre les fripons dont les cours fourmillent ; on l'est encore plus contre ceux dont on a reçu du mal. Le stoïque [2] est une belle et noble chimère. Je ne me pique donc pas d'impartialité ; je le ferais vainement. On trouvera trop, dans ces *Mémoires*, que la louange et le blâme coulent de source à l'égard de ceux dont je suis affecté, et que l'un et l'autre est plus froid sur ceux qui me sont plus indifférents, mais néanmoins vif toujours pour la vertu, et contre les malhonnêtes gens, selon leurs degrés de vices ou de vertu. Toutefois, je me rendrai encore ce témoignage, et je me flatte que le tissu de ces *Mémoires* ne me le rendra pas moins, que j'ai été infiniment en garde contre mes affections et mes aversions, et encore plus contre celles-ci, pour ne parler des uns et des autres que la balance à la main, non seulement ne rien outrer, mais ne rien grossir, m'oublier, me défier de moi comme d'un ennemi, rendre une exacte justice, et faire surnager à tout la vérité la plus pure. C'est en cette manière que je puis assurer que j'ai été entièrement impartial, et je crois qu'il n'y a point d'autre manière de l'être.

Exactitude Pour ce qui est de l'exactitude et de la vérité de ce que je raconte, on voit par les *Mémoires* mêmes que presque tout est puisé de ce qui a passé par mes mains, et le reste, de ce que j'ai su par ceux qui avaient traité les choses que je rapporte. Je les nomme, et leur nom, ainsi que ma liaison intime avec eux, est hors de tout soupçon. Ce que j'ai appris de moins sûr, je le marque, et ce que j'ai ignoré, je n'ai pas honte de l'avouer. De cette façon les *Mémoires* sont de source, de la première main. Leur vérité, leur authenticité ne peut être révoquée en doute .

1. Fait de ne pas prendre parti pour l'un ou pour l'autre. — 2. Le stoïcisme.

ÉTUDE DES « MÉMOIRES » DE SAINT-SIMON

L'historien C'est le côté de Saint-Simon le plus contesté. Son éditeur de 1856, CHÉRUEL, pourtant bienveillant comme tel, se montre d'une grande sévérité à cet égard dans son *Saint-Simon considéré comme historien de Louis XIV*. On rencontre des erreurs de fait : par exemple, le mémorialiste dit Mlle de Beauvais fille naturelle ; or on a retrouvé et produit le contrat de mariage de ses parents. Aussi des erreurs d'interprétation, plus graves à nos yeux : il fait de Saumery un espion placé auprès du duc de Bourgogne comme Narcisse auprès de Britannicus ; or, une lettre du prince à Fénelon nous révèle l'étendue de son très réel dévouement.

On trouve surtout, dans les *Mémoires*, des préventions dues aux préjugés ou aux inimitiés de l'auteur (et les deux furent en grand nombre chez lui). Ainsi refuse-t-il, en dépit de l'évidence, les principaux mérites militaires aux rares vainqueurs de cette fin de règne : à Vendôme parce que bâtard [1], à Villars parce que favori de Mme de Maintenon [2]. Sur cette dernière, tous ses propos sont marqués, non sans mépris, par une hostilité d'ailleurs réciproque [3]. On n'en finirait pas de relever des marques de partialité, car la passion est partout présente dans cette œuvre, dont l'auteur déclarait au demeurant (voir p. 183, l. 46) : « Je ne me pique [...] pas d'impartialité ; je le ferais vainement. » Est-ce à dire que nous ne trouverons presque jamais cette vérité à laquelle Saint-Simon se proclamait prêt à tout sacrifier ?

D'abord, ne confondons pas « vérité » avec « véracité ». La première fait l'objet d'une recherche qui doit être objective, impartiale, et dont on ne peut jamais savoir si elle a abouti. La seconde est l'honnêteté morale qui fait dire ce que l'on croit sincèrement être la vérité (et qui peut être erroné ou déformé par rapport au fait). C'est évidemment cette seconde qualité que l'on ne peut refuser à Saint-Simon. Mais cela ne nous assure pas que nous pouvons faire fond sur les *Mémoires* pour une connaissance valable de leur temps.

Sans les *Mémoires*, nous en serions souvent à rabâcher des éloges conventionnels, des jugements neutres et timorés. Sainte-Beuve répond aux purs historiens : « Vos

1. Cf. pp. 97-104. — 2. Cf. pp. 122-125. — 3. Cf. pp. 40-42, 76-81 et 158.

belles narrations avec vos pièces dites positives, et même avec vos tableaux d'histoire arrangés après coup et symétriquement, et peignés comme on en voit, ces histoires, si vraies qu'elles soient quant aux résultats politiques, seront artificielles, et on le sentira. » En revanche, et parce qu'il a la vision et l'allure inimitable du concret, Saint-Simon est bien « le créateur posthume de son époque » selon la belle formule de C. FATTA. Ce dernier souligne d'ailleurs comment les *Mémoires*, et surtout le *Parallèle*, ont contribué à rétablir une plus juste interprétation du rôle de Louis XIII, contre les préjugés des purs historiens des XVIIIe et XIXe siècles. Effet bénéfique, cette fois, de la passion personnelle et du préjugé divinateur.

Au reste, on remarque aisément que la part purement documentaire des *Mémoires* est ce qui a le plus vieilli : non seulement les exposés de préséances ou les études généalogiques, d'un intérêt trop limité en soi, mais toute la partie que Saint-Simon, avec une fierté touchante parce que modeste, emprunte à la correspondance diplomatique dont Torcy lui avait fait tenir une copie. C'est (mise à part la valeur purement documentaire) la seule partie vraiment et interminablement ennuyeuse pour le non-spécialiste. Si le reste, en revanche, s'impose allégrement, c'est que le document s'y métamorphose en témoignage personnel et personnalisé.

Témoignage personnel, celui d'un moraliste qui sait observer et peindre ; témoignage personnalisé, où les faits se dramatisent en s'incarnant : le processus historique devient le combat d'un champion du mal contre celui du bien (Vendôme contre le duc de Bourgogne) ou entre deux monstres d'ambition (Alberoni et Dubois).

Nous voyons ainsi une tradition historienne, celle du « nez de Cléopâtre » selon Pascal, reposer sur la tradition moraliste du temps, qui, comme La Rochefoucauld, autre grand seigneur, trouvait partout comme mobile de l'action humaine « un bas et petit intérêt particulier [1] ».

Le moraliste Cette vocation de moraliste repose d'abord sur l'écart que constate Saint-Simon entre l'idéal moral qu'on lui a inculqué et la réalité qu'il découvre à la cour. Il réagit comme Alceste, et pour les mêmes raisons.

Il doit aussi son non-conformisme, qui l'amène à ne pas infléchir la morale devant les mœurs en usage, à la disgrâce de 1702 : écarté de tout arrivisme (s'il en eût

1. Voir les mobiles prêtés à Louvois, pp. 148-149 et 158.

été capable), il se renferme dans les perspectives morales qu'il tenait d'un père âgé et d'une mère rigoriste, et se trouve à la cour un peu comme sur une autre planète. Cette distance *a priori* (qui déjà permettait à La Bruyère son « voyage au pays de la cour » et qui domine le genre du conte philosophique cher au XVIIIe siècle) amène Saint-Simon à juger et observer plus qu'à participer directement. En l'isolant, elle le pousse aussi à écrire. « Ce que l'asthme est à Proust, la disgrâce l'est à Saint-Simon », dit brillamment CLAUDE ROY.

Enfin, le pessimisme, si fréquent chez les moralistes, s'accentuera chez lui à la suite de ses déceptions politiques lors de la Régence. Il voit alors « tout bien impossible à faire ».

Au reste, Saint-Simon présente une étonnante synthèse du XVIIe et du XVIIIe siècle ; il admire le règne de Louis XIII, connaît à fond celui de Louis XIV, mais ne manque pas de vues communes avec celui de Louis XV : haine des persécutions religieuses et de l'Inquisition, du despotisme d'État ; esprit libéral et désir de réformes ; intérêt pour l'économie, etc. De même, il est porté à analyser le comportement humain concret plus que la nature humaine dans son abstraction ; il y est servi par une intuition sans défaut, « flair du vice et de la vertu » (SAINTE-BEUVE).

C'est d'ailleurs le caractère concret de cet « esprit de finesse » qui, pour SAINTE-BEUVE, le rend supérieur à La Bruyère : « Il met des noms et des personnages là où l'autre avait mis des types. La Bruyère, grand peintre, est abstrait à côté de Saint-Simon : j'ajouterai qu'il l'est moins depuis que celui-ci a parlé. »

Grand peintre aussi, certes, mais de jugement dernier, nous montrant « une humanité aperçue dans toute la nudité du péché originel » (FATTA). Par cet art de retourner les gens du dedans au dehors, Saint-Simon réalise, comme Tacite ou Shakespeare, le mélange intime du moraliste avec le peintre.

Le peintre Son art de l'évocation n'est si puissant que par la fixation, chez ses personnages, de ce qu'il y a de plus vivant : la physionomie. ALAIN dit tout là-dessus : « Un peintre qui tient ses pinceaux et sa palette ne cherche absolument que l'apparence [...] ; c'est ainsi qu'il arrive à peindre vrai [...] ; on ne doute point de l'apparence. »

Portraits-foudre concis, où tout le personnage est « en germe et ramassé comme tout l'arbre est dans le bourgeon trop plein »

(SAINTE-BEUVE) [1]. Grands portraits où Emmanuel d'Astier veut retrouver une véritable technique picturale, faisant se succéder esquisse, petit crayon et crayon, ou, pour les plus importants personnages, petit crayon, grand crayon et portrait (il donne, comme exemple de ces derniers, Fénelon saisi en 1695, puis 1711 et 1715) [2].

Ajoutons que Saint-Simon sait également peindre des groupes; ainsi nous montre-t-il, à la mort du Grand Dauphin, les deux fils du défunt assis sur un canapé, chacun sa princesse à ses côtés, « tout le monde épars, assis et debout, et en confusion dans ce salon, et les dames les plus familières par terre aux pieds ou proches du canapé ». Au reste, c'est toute la scène qui s'organise en une immense fresque, tantôt composée (salles de Meudon), tantôt distribuée par mas[3].

Réalisme donc, mais transfiguré par un tempérament de visionnaire.

Le visionnaire La puissance d'évocation du peintre est liée à l'intensité de ses sentiments ; par tempérament, Saint-Simon aime la vérité violente. Seul dans les ténèbres de son réduit, à la chandelle dans ce monde clos, il recrée comme Balzac ou Proust un univers halluciné. « Avec une espèce de frénésie et de détachement à la fois, il nous donne une vision apocalyptique de l'histoire » (d'ASTIER).

Jusqu'au dépaysement enchanteur et passager de l'Espagne , on ne voit pas plus chez lui la nature ou les éléments qu'on n'y voit le peuple : ils n'y apparaissent qu'à l'occasion de brusques déchaînements. On dirait, en termes de cinéma, qu'il n'a pas d'extérieurs.

Dans la reviviscence des faits, sa passion entraîne leur exagération ou leur déformation, et exaspère ses principes rigides. C'est l'intervention constante de ce tempérament ardent qui confère à la peinture l'impression de présence qu'elle fait sur nous.

Nous devons à la même passion ce style intense où se combinent curieusement la concision et la surabondance, avec parfois une sorte d'engorgement impatient qui l'apparente au génie impérieux d'un Pascal.

A vrai dire, dans toute comparaison, il détone fortement. En face de Dangeau, qu'il trouve bien sûr « fade à faire vomir », il représente l'amertume ou l'ardente causticité ; et s'il charge la scène, du moins en dégage-t-il le comique ou le dramatique ; parfois même, son intensité ne joue plus dans la férocité, mais dans une suavité

1. Cf. p. 176. — 2. Cf. pp. 169-175. — 3. Cf. pp. 109-110.

presque violente : ainsi quand il évoque tel service qu'il a rendu sans que personne le sût jamais ; alors il annonce Rousseau enivré par les délices du sentiment.

Mais le plus souvent, cet engloutissement dans ce qu'il évoque lui fait passer toutes les bornes de la mesure et de la décence. Il va jusqu'au bout de sa sensation, de son impression, et nous voilà aux antipodes du classicisme.

Le baroque Certes, Saint-Simon apprécie la beauté cultivée et symétrique des grands jardins du temps ; mais le baroque de ceux d'Espagne ne l'en retient pas moins. Certes, ayant le goût de la grandeur (par laquelle surtout Louis XIV trouvera grâce à ses yeux), il communie avec l'esprit classique ; mais par son non-conformisme il rejoint un baroque vécu de la liberté et de l'insoumission, que complète, dans son œuvre, celui de la sensibilité, de la vision, de l'expression.

Il se complaît dans le macabre, le faisandé et au besoin l'ordure (des autres) ; il raconte volontiers les désordres de corps ou de mœurs (voir le portrait du duc de Vendôme, p. 109-110).

Mais il atteint plus profondément à l'esthétique baroque telle que notre époque s'est attachée à la dégager. A la curiosité du rare, de l'imperceptible, de l'inattendu, voire du saugrenu, il joint le sens du contraste et le goût du mouvement dans l'espace ou la durée. Surtout, c'est dans sa manière d'écrire que se manifeste cette tendance.

L'écrivain Ce n'est pas que Saint-Simon se soit jamais beaucoup soucié ni de bien écrire ni de voir son œuvre appréciée des amateurs. Paradoxalement, il écrivait pour servir l'histoire, qui le récuse de nos jours ; et il se considérait comme un piètre écrivain, alors que dans sa facture justement se trouve aujourd'hui son plus incontestable titre de gloire. En effet, la part la plus documentaire est désormais morte ou à demi morte ; en revanche, un style intrépide nous impose le reste. On reconnaît alors (à la différence, par exemple, des discours compassés et éloquents sur le duc de Bourgogne ou pour le Régent) ce qui n'est écrit pour personne : c'est ce qui a été écrit pour le bonheur d'écrire [1].

On n'en a pas toujours ainsi jugé, et l'auteur des *Mémoires* est le premier à se montrer sévère pour son style : « Dirais-je un mot du style, de sa négligence, de répétitions trop prochaines des mêmes mots, quelquefois de synonymes trop multipliés,

1. Cf. p. 176-181.

surtout de l'obscurité qui naît souvent de la longueur des phrases?... »

Mais bien écrire n'est pas seulement ni essentiellement écrire correctement. La rapidité et l'irrégularité [1] auxquelles Saint-Simon ne peut (ou ne veut) se soustraire lui donnent énergie et verve, qualités moins classiques que baroques.

Cela se traduit dans son vocabulaire souvent anachronique, soit archaïque (le médiéval *se condouloir*, le latin *excogité*), soit néologique (*agioteur* ou *prédicant*) ou inventé par l'auteur (*vacillité* ou *résurrective*). Il aime les mots pittoresques, et, tel Rabelais, se délecte à des termes comme *subodorer* (pour : sentir trace de...) ; *éplapourdi* (pour : étonné). Qu'il s'y complaise nous est prouvé par la multiplication des traits de ce genre quand il reprend, dans la suite, un portrait annoté sur le *Journal* de Dangeau ou déjà esquissé dans les *Mémoires*.

Sa syntaxe est surtout frappante par l'emploi du style elliptique, qui donne l'impression de la hâte et explique le classement de Saint-Simon, par CHATEAUBRIAND, au nombre des gens qui « écrivaient à la diable des pages immortelles ».

Quant au style en général, il est susceptible de revêtir toutes les formes pourvu qu'elles soient expressives pour l'auteur. Saint-Simon a une langue vraiment vivante parce que parlée ; ce n'est pas que l'éloquence lui soit étrangère, mais elle n'est pas spontanément organisée en périodes ; ce sont plutôt de grandes phrases où se juxtaposent, non sans engorgement parfois, relatives et incidentes ou complétives. Mais ce qui tranche et ravit, ce sont les formules à l'emporte-pièce et ces traits fulgurants et sans retouche qui nous livrent d'un coup une proie pantelante [2].

Pour sa concision et son expressivité fulgurante, SAINTE-BEUVE l'a appelé « un Tacite à la Shakespeare » ; il l'a placé aussi à mi-chemin de Molière (pour la familiarité et le comique) et de Bossuet (pour la plénitude). On l'a encore rapproché d'auteurs qu'il a pu influencer : le dernier Chateaubriand (fin des *Mémoires d'Outre-Tombe* et *Vie de Rancé*) ; Stendhal, qui l'aima dès l'enfance pour toujours, et écrivait vite comme lui ; Balzac, avec les milliers de personnages de sa *Comédie humaine* ; Proust, qui fait lui-même le parallèle en conclusion du *Temps retrouvé*, et qui avait commencé par le pasticher.

1. Cf. p. 21. — 2. Cf. pp. 176-179.

THÈMES DE RÉFLEXION

① Opérer de façon croissante un classement personnel des ordres d'intérêt qu'offrent les *Mémoires*.

② Étudier (pp. 47-58) la partialité de Saint-Simon (sympathies, antipathies, passion, etc.); en quel sens Alain a-t-il pu le dire « impartial comme le soleil »?

③ Détailler les aspects (pp. 59, 67-70, 94-116 et 127-136) de la férocité de Saint-Simon.

④ Distinguer avec précision véracité et vérité dans les *Mémoires* (cf. pp. 19-25 et 182-183).

⑤ En quoi Saint-Simon fut-il le « créateur posthume de son époque »? (C. Fatta).

⑥ Montrer comment il réduit ou au contraire élabore plusieurs « mythes » du grand siècle.

⑦ Montrer l'empreinte du XVIIIe siècle (pp. 44-46 et 137-147) sur Saint-Simon : libéralisme, réformisme, psycho-physiologie, etc.

⑧ Étudier (pp. 157-175) les rapports de Saint-Simon et de l'Église.

⑨ Préciser la nature et la valeur de la pensée politique de Saint-Simon (voir les pp. 145-156).

⑩ Analyser les différents rapports de Saint-Simon avec la société (préjugés, snobisme, relations humaines).

⑪ Montrer le rôle complémentaire de la nature et de la culture (au sens de formation, voir p. 64) pour Saint-Simon.

⑫ Distinguer les divers aspects du temps dans les *Mémoires* : portraits instantanés ou successifs; discontinuité-durée; temps superposé quand l'auteur, en narrant le passé, fait allusion au temps où il écrit, par exemple 1743, etc.

⑬ Étudier (pp. 109-136) les fonctions du regard chez Saint-Simon : acuité et volupté visuelles; l'œil comme fenêtre de l'âme des autres; primauté de l'apparence; l'œil caméra; l'œil comme arme, etc.

⑭ Détailler les aspects de Saint-Simon moraliste : analyste du comportement; pessimiste; moralisateur, etc.

⑮ Étudier Saint-Simon psychologue (cf. p. 166).

⑯ Étudier Saint-Simon peintre : art du trait, du portrait, du croquis, du groupe, etc. (voir pp. 44-46, 59, 64-66, 84-86, 109-117, 150-156, 169-175 et 176-179).

⑰ Analyser en divers domaines (voir pp. 34-36) comment Saint-Simon est plus évocateur que descriptif.

⑱ Détailler les rapports de Saint-Simon avec le concret d'après la comparaison avec La Bruyère par Sainte-Beuve (p. 187).

⑲ Étudier (pp. 97-105 et 116-136) l'art de la narration chez Saint-Simon : richesse des détails; vivacité du ton; maintien d'une part d'ombre.

⑳ Préciser la part des scènes et de la dramatisation dans les *Mémoires* (pp. 40-42, 86-93 et 116-136) : surprise, suspens, énigme, espoir, pathétique, etc.

㉑ Étudier le comique dans l'œuvre (et la personne) de Saint-Simon (pp. 67-70, 109-116, 176-179).

㉒ Montrer comment le style de Saint-Simon est à la fois adapté à son sujet ou aux personnages qu'il cite, et irréductiblement personnel (voir pp. 19-24, 29-30 et 45-46).

㉓ Caractériser le style de Saint-Simon en s'appuyant sur les jugements suivants : a) « Saint-Simon a peu de profondeur, mais il a un style profond et il exprime avec profondeur des idées qui n'ont pas un sens trop profond pour être intelligible au lecteur » (Stendhal); -b) « La manière est une négligence, un grand renfort de pronoms et souvent la phrase rompue ou semblant telle. L'art tient presque tout dans cette belle langue que tous parlaient autour de lui. Le génie éclate dans l'intrépidité du trait gravé à jamais » (Alain).

㉔ Commenter l'opinion des contemporains de Saint-Simon sur son style (voir p. 189).

㉕ Analyser les aspects de la grande phrase dans les *Mémoires* : période et phrase longue continue; éloquence et rhétorique; densité, etc.

㉖ Étudier et différencier densité, concision, ellipse et art de la formule chez Saint-Simon.

㉗ Préciser ce qu'on peut entendre par « baroque » (au sens esthétique du terme) à propos de Saint-Simon (p. 188) : contraste et discontinu; irrégularités et digressions; expressivité et langue parlée; dramatisation et art visionnaire, etc.

㉘ Déterminer la part du classicisme dans le goût et dans l'œuvre de Saint-Simon.

— Travaux pratiques : reconnaître autour de soi des traits, des situations et surtout des personnages rencontrés dans les *Mémoires;* pasticher des traits, portraits ou analyses des *Mémoires* en prenant des contemporains ou son propre entourage comme matière à ces fins.

TABLE DES MATIÈRES

Imprimerie Berger-Levrault, Nancy — 778150-5-1985
Dépôt légal : mai 1985 — Dépôt 1re édition : 1965

Imprimé en France